일단 오늘 한 줄 써봅시다

일단 오늘 한 줄 써봅시다

평범한 일상을 바꾸는
아주 쉽고 단순한
하루 3분 습관

김민태 지음

비즈니스북스

일단 오늘 한 줄 써봅시다

1판 1쇄 발행   2019년 2월 15일
1판 3쇄 발행   2022년 11월 29일

지은이 | 김민태
발행인 | 홍영태
발행처 | (주)비즈니스북스
등 록 | 제2000-000225호(2000년 2월 28일)
주 소 | 03991 서울시 마포구 월드컵북로6길 3 이노베이스빌딩 7층
전 화 | (02)338-9449
팩 스 | (02)338-6543
대표메일 | bb@businessbooks.co.kr
홈페이지 | http://www.businessbooks.co.kr
블로그 | http://blog.naver.com/biz_books
페이스북 | thebizbooks
ISBN 979-11-6254-061-9   03190

비즈니스북스는 독자 여러분의 소중한 아이디어와 원고 투고를 기다리고 있습니다.
원고가 있으신 분은 ms1@businessbooks.co.kr로 간단한 개요와 취지, 연락처 등을 보내 주세요.

7년 동안 일상적 글쓰기로 달라진 것들

글쓰기는 대박이야.

인생이 바뀌어. 그러니까 그냥 막 써 봐.

봐주는 사람 없으면 페북에 써.

쓰다 보면 주제는 나와.

전문성 없어도 돼.

난 친한 친구들에게 이런 식으로 떠들고 다녔다. 그런데 성적이 신통치 않다. 야구의 타율로 치면 5퍼센트도 안 될 거다. 참 답답했다. 그러다 결국 그것이 내 문제라는 결론에 도달했다. 나도 그런 때가 있었기 때문이다.

지금도 문득 그런 생각이 찾아올 때가 있다. '내가 어쩌다가 책을 세 권이나 낸 저자가 되었지?' 나는 2013년부터 2018년까지 세 권의 책을 썼다. 그리고 이번이 네 번째다. 태연하게 말하는 것 같지만 처음 사적인 글을 썼던 2011년으로 돌아가보면 이것은 놀라 자빠질 만한 사건이다.

'우와, 내가 책을 쓰다니. 전문성도 없는 내가 그때그때 떠오른 주제에 대한 책을 쓰다니. 대체 이게 무슨 일일까?'

나 스스로도 신기해하는데 경험이 없는 친구들이 내가 '글쓰기의 마법'을 아무리 말한들 귀에 들어올 리 없지 않은가.

이번 책은 다분히 내 친구들을 위한 작업이었다. 그들을 설득하고 싶었다. 내가 여기저기 글쓰기를 추천하는 이유는 단 하나다. 글쓰기에 재미를 느끼는 순간 삶은 '마법'으로 빠져든다. 이 멋진 경험을 좋아하는 사람들과 나누고 싶다. 그들과 실컷 웃고 떠들며 살고 싶다.

일상적 글쓰기의 세 가지 기적 같은 마법

내가 일상적 글쓰기에서 발견한 마법을 요약하면 세 가지로 추릴 수 있다.

첫째, 자신의 능력에 대한 믿음이 높아진다.

한마디로 똑똑해지는 느낌이 든다. 이것은 단순히 느낌이 아니라 구체적 근거들로 확인할 수 있다. 글쓰기는 문제해결을 위한 탁월한 도구다. 글쓰기는 기본적으로 두 가지 능력을 요구하기 때문이다. 많은 정보에서 필요한 것을 선택해 글로 담기 위해서는 '비판적 사고'가 필수다. 또 내가 쓴 글이 타인을 설득하기 위해서는 '의사소통 능력'이 있어야 한다. 이 두 가지는 현대사회에서 점점 중요해지는 문제해결 능력의 두 축이기도 하다.

문제해결 능력은 좋은 글을 쓰기 위한 전제이자 글쓰기로 얻게 되는 부산물이다. 글을 쓰면 쓸수록 글쓰기의 효능감이 높아질 뿐 아니라 문제해결 능력이 높아진 자기 자신을 보며 스스로에 대한 신뢰가 더 쌓이게 된다. 이는 글을 쓴 이후로 내가 갖게 된 가장 큰 소득이다.

둘째, 정서적으로 좋아진다.

다양한 주제를 다룰 수 있겠지만, 특히 자기 자신에 관한 이야기를 쓰면 그 마법의 힘은 더욱 커진다. 글쓰기에는 말하기가 따라올 수 없는 강력한 힘이 있다. 간단히 비교해보자. 대화는 상호작용이 즉각적으로 이루어진다는 장점을 갖고 있다. 하지만 자칫 말하려는 바를 벗어나 샛길로 빠지기도 하며, 상대의 반응에 따라 그 힘을 잃기도 한다.

반면 글쓰기는 외부 변수에서 자유롭다. 내 생각을 끝까지 밀고 나갈 수 있다. 특히 자기 생각을 적극적으로 표현하는 글쓰기는 자기성찰을 이끌어내 자아정체성의 수준을 한층 더 높인다. 이 과정에서 긍정적 정서 수준 역시 함께 상승한다.

셋째, 새로운 관심사가 생긴다.

글쓰기는 흔적을 남기는 일이다. 남겨진 글은 기억의 증발을 막아준다. 또 언제든 바로 내 눈앞에 보이기 때문에 그 글을 더 좋게 고치고 싶은 욕구를 자극한다. 단지 문장을 매끄럽게 개선하는 것만이 아니라 자신의 생각에 대해서도 다시 한번 되돌아보는 일이 늘어난다. 그러면서 나의 사고는 확장되고 관심 영역도 더욱 넓어진다. 이 과정은 다소 밋밋한 일상에 뜻밖에 흥미로운 일들을 만들어내는 토양이 된다.

자기효능감, 긍정적 정서, 새로운 관심사 이 세 가지는 내가 글을 쓰는 동기이면서 동시에 결과적으로 얻는 효용이다. 글쓰기는 일단 시동만 걸리면 이전에는 생각도 못한 마법과 같은 힘을 일으킨다. 이런 심리적 변화는 자신의 현재를 더욱 설레게 만든다. 과거와 달라진 나를 발견할 수 있게 돕는다. 또 달라진 나는 더 흥미진진한 미래를 그리기 시작한다.

당신도 글을 쓰면 새로운 에너지를 얻을 수 있다. 글쓰기를 시작하는 데 특별한 비법은 없다. 지식이든 생각이든, 한두 문장이면 충분하다. 어쩌면 작가 파울로 코엘료의 말이 당신의 시작에 힘을 실어줄 수 있을지도 모르겠다.

"첫 문장을 쓰고 나면, 어떤 흐름이 당신을 마지막 문장까지 이끌어줄 것입니다."

| 프롤로그 | 7년 동안 일상적 글쓰기로 달라진 것들 • 05

제1장 **나를 잃을 때 글쓰기를 시작해야 한다**

서른아홉, 자기합리화에 한계점이 오다 • 15
문장이 쌓일수록 삶의 질문도 늘어났다 • 19
혼자 끄적이는 즐거움 • 25
낙서가 바꿔 놓은 삶 • 29
모든 감각이 예민해진다 • 33
글쓰기의 맛 • 38
'있었던 일'부터 쓴다 • 42
글쓰기 취미 만들기 프로젝트 1. 일단 한번 써볼까? • 48

제2장 **쓰면 쓸수록 나는 단단해진다** : 자의식의 힘

나를 마주하는 글쓰기 • 53
사람들은 자신을 드러내고 싶어 한다 • 57
생각을 쓰며 나를 객관화한다 • 63

글은 결국 나를 위해 쓰는 것이다 · 68

지도 없이 떠나는 여행 · 73

솔직하게 써야 자기치유가 가능하다 · 77

타인이 답해줄 수 없는 질문 · 80

그때 쓰지 않으면 잡을 수 없는 것들 · 85

하루하루의 기록이 나를 성장하게 한다 · 89

글쓰기 취미 만들기 프로젝트 2. '나'라는 사람은 누굴까? · 95

제3장 쓰면 쓸수록 나의 세계는 커진다 : 자기효능감의 힘

한 번의 글쓰기가 주는 용기 · 101

어떻게 쓸 것인가에 담긴 선택의 욕구 · 105

질문을 습관화한다 · 109

글쓰기를 이끄는 것은 질문이다 · 113

왜 쓰라고 하는가 · 117

하버드대 졸업생들이 글쓰기를 강조한 이유 · 124

지식을 버무리는 글쓰기의 힘 · 130

언어가 마음을 사로잡는다 · 134

글을 쓰면 왜 더 읽게 될까? · 139

글쓰기 취미 만들기 프로젝트 3. 질문을 던지고 글을 써본다 · 143

제4장 쓰면 쓸수록 삶이 달라진다 : 가능성의 힘

쓰지 않으면 인생을 바꿀 순간을 놓친다 · 149

글을 쓰면 연결된다 · 154

우연히 쓴 글이 운명을 뒤바꾼 순간들 · 159

뒹구는 메모는 언제 잠에서 깨는가?   • 165

그들의 오늘도 한 번 쓰기에서 시작됐다   • 173

나도 글 좀 잘 쓰면 좋겠다   • 178

모든 삶이 글이 될 수 있기에   • 185

글쓰기 취미 만들기 프로젝트 4. 쓰기만 해도 새로운 가능성이 열린다   • 190

제5장 일단 한번 써보기로 했다

글쓰기의 괴로움   • 195

쉽고 자유롭고 즐겁게 글을 쓰는 법   • 199

시작은 메모부터   • 203

어디에 글을 적나요?   • 210

처음부터 고치지 않는다   • 215

모든 작가는 자신의 이야기로 글을 쓴다   • 220

내가 글 쓰는 법 1. 눈덩이 만들기   • 225

내가 글 쓰는 법 2. 눈덩이 굴리기   • 229

SNS 글쓰기에 대하여 1   • 235

SNS 글쓰기에 대하여 2   • 240

글쓰기 취미 만들기 프로젝트 5. 이제 나의 글을 쓴다   • 244

| 에필로그 | 당신에게도 글쓰기 마법이 시작되길 바라며   • 246

| 참고 도서 | • 248

| 참고 자료 | • 250

- 서른아홉, 자기합리화에 한계점이 오다
- 문장이 쌓일수록 삶의 질문도 늘어났다
- 혼자 끄적이는 즐거움
- 낙서가 바꿔 놓은 삶
- 모든 감각이 예민해진다
- 글쓰기의 맛
- '있었던 일'부터 쓴다
- 글쓰기 취미 만들기 프로젝트 1. 일단 한번 써볼까?

제1장

나를 잃을 때
글쓰기를
시작해야 한다

서른아홉, 자기합리화에 한계점이 오다

쉴 틈 없이 북적거리는 사무실에 적막이 흐를 때가 있다. 졸음이 가까워지는 시간이면 어김없다. 2011년 11월, 그날 오후도 그랬다. 책상에 앉아 있었지만 일이 머리에 들어오지 않았다. 바람이 부드럽게 볼을 스쳤고 햇볕은 따뜻했다. 눈이 곧 감길 것 같았다. 그때 책상 위에 뒹굴고 있는 이면지가 눈에 들어왔다. 그중 상태가 양호한 놈을 잡아 내 앞으로 끌어왔다. 떠오르는 단어를 적었다. 마치 붓글씨 연습을 하듯 또박또박 썼다. 졸음에서 벗어나기 위한 조용한 몸부림이었다. 그러다 우연히 한 문장이 내게 걸려들었다.

10대는 좋은 대학에 가기 위해 수능에 매달린다.

대입 시험이 임박했던 때여서 그랬을까? 갑자기 왜 수능에 대해 썼을까? 굳이 이유를 찾을 필요는 없었다. 하지만 왠지 운율을 맞추고 싶어졌다.

20대는 좋은 직장에 가기 위해 스펙을 쌓는다.

묘한 감정이 일었다. 글을 쓰자 그것이 남의 이야기에서 나의 이야기로 갑자기 전환됐다. 첫 번째 문장이 시대에 대한 관찰이었다면, 두 번째 문장은 나의 과거를 바라보고 있었다. 당시 내 나이 서른아홉. 나는 30대 끄트머리에 와 있었다. 다음은 뭐라고 쓸까? '정작'이라는 단어가 튀어나왔다.

정작, 30대가 되면 다시 원점에서 꿈을 고민한다.

세 문장을 써놓고 멀뚱히 쳐다봤다. 기가 찬다는 생각이 들었다. 40년 인생이 단 세 줄로 정리된다니! 그것도 시종일관 우울한 톤으로! 이어서 글을 더 써 내려가지는 않았지만 머리가 복잡해졌다. 또 다른 내가 나에게 말을 거는 것 같았다. '그래, 그럼 40대에는 뭘 준비할 것인가?' 기분이 썩 좋지 않았다.

삶의 장면을 바꾼 결정적 트리거

글을 쓰며 나의 30대를 되돌아본다. 뜨겁게 살았지만 왜 뜨거워야 했는지도 모르는 선택이 많았다. '좀 더 행복하게 보낼 수 있었을 텐데.' 왜 그랬을까? 그래서 나는 머릿속으로 생각만 하기보다 그것을 글로 옮기면서 하나둘 이유를 찾아 나선다.

경쟁이 목적이 되어버린 삶에 익숙해진다. 꿈꾸는 미래는 아름다울지언정 정작 손에 잡히는 일상은 푸석하다. 미래의 자양분이라는 책은 눈에 들어오지 않는다. 나는 오랫동안 문학책을 아예 읽지도 않았다. 이유는 업무와 관련이 없어서다. 업무 밖에 있는 사람과는 어지간해서는 약속을 잡지 않았다. 한동안 동창들이 모이는 자리에 얼굴도 비치지 않았다. 같은 이유에서였다.
이따금 나를 괴롭히는 적성에 대한 고민은 오래 가지 않았다. 적성은 누구도 모른다. 잘하는 게 곧 적성 아닌가? 나는 야근왕이었다. 책상에 오래 앉아 있는 만큼 결국 보상이 따를 거라고 확신했다.

직접 써보니 복잡했던 머릿속이 조금씩 정리가 된다. 이런 삶에 회의가 없었던 것은 아니다. 성과에서 오는 기쁨은 아무리 크다고 해도 유효기간이 있다. 그것도 생각보다 길지 않다. 그 순간이 지나면 다시 머리는 흐려지고, 몸은 지치고, 감정은 짜증 혹은 오만함으로 채워진다. '나 잘 살고 있는 건가?' 스스로에게 질문을 하고서는 엉뚱하게도 다른 사람들을 바라본다. 나보다 힘든 사람이 수두룩하다. 뉴스는 연일 점점 더 심각해지는 구직난 소식을 전한다. '이만하면 된 것 아닌가?' '행복이 뭔지는 몰라도 크게 불행하다고 느끼지 않는 것도 괜찮은 것 아닌가?' 나는 정말이지 합리화의 달인이었다.

서른아홉. 이제 자기합리화에 한계가 온 시점이었다. 스스로에 대한 오래된 믿음에 금이 가고 있었다. 트리거trigger 는 아주 우연찮은 낙서였다. '정작, 30대가 되면 다시 원점에서 꿈을 고민한다.' 나는 후회하고 있었다. 나를 지탱하던 허위의 축이 무너지고 있었다.

문장이 쌓일수록
삶의 질문도 늘어났다

글을 한번 제대로 써보고 싶었다. 자연스레 오래된 기억을 호출해냈다. 사실 나의 과거에 있었던 일 말고는 글을 쓸 재료가 별로 없었다. 쓰기 시작하면서 글의 종착지는 깊이 생각하지 않았다. 나만 보게 될 자서전을 쓰는 느낌이랄까? 혹은 먼 훗날 나와 관련이 있는 누군가가 이 글을 읽고 나를 기억해줄지도 모른다는 생각이었을까? 그렇게 몇 글자씩 적다 보니 한 장, 두 장 페이지가 넘어갔다.

문장이 쌓이는 만큼 질문도 늘어갔다. 질문은 때론 차분했고 때론 폭풍처럼 사나웠다. 후회가 몰려오는 지점에선 후자 쪽이었다.

50대가 되어서도 지금처럼 '어쩔 수 없다'라고 맥없이 답할 건가?

한 번뿐인 인생, 그렇게 나이 들어 가다가 끝내 죽을 건가?

죽음에 대한 내 생각은 전前 애플 CEO 스티브 잡스에게 큰 영향을 받았다. 내가 처음 글을 쓸 당시 그는 암 투병 중이었다. 그럼에도 그는 항상 마르지 않는 열정으로 일했고 많은 명언을 쏟아냈다. "타인의 삶을 사느라 당신의 삶을 낭비하지 말라." 그가 스탠퍼드대학교 졸업식 연설에서 한 이 말은 나의 좌우명이 되었다.

그리고 나는 진지하게 질문했다. '자기가 무엇을 원하는지도 모르면서 내년, 내후년을 준비한다? 준비하기 위해 태어난 사람이 있는가?' 나는 본말이 전도된 목표들을 그만 접기로 했다. 매우 쉽게 결정한 것 같지만 꽤 많은 시간이 필요했다. 살아온 과거를 부정하는 일이 그렇게 쉽게 정리되지는 않는다. 많이 연습해야 하고 익숙한 방식들을 버리는 것에 따르는 기회비용을 감수해야 한다. 수십 번 마음속으로 이랬다저랬다 헤매다가 선택하는 일이 바로 '결정'이다. 정반합正反合으로 대표되는 헤겔의 변증법이 우리 삶에서 그리 멀리 있지 않다. 갈등의 시작과 끝이 변증법이다. 그리고 그 시작은 질문이다. 정正을 반反하는 최초의 에너지는 의심이고, 이는 질문에서 나오기 때문이다.

예를 들어 보자. 나에게는 오랜 신념이 있다. '유비무환.'有備無患 평소에 준비가 철저하면 훗날 근심이 없다는 뜻이다. 나는 부모님에게 성실을 최고의 가치로 배웠다. '성실한 자를 이길 자 없다.' 그래서 나의 모토는 '일단 열심히, 무엇이든 열심히'였다. 실제로 성실함에서는 학창 시절부터 직장생활까지 늘 인정을 받아왔다. 내가 이런 의심의 여지가 없는 삶의 방식에 의심을 갖기 시작한 것은 직장생활을 하고 10년이 흐른 즈음이었다.

'언제까지 경쟁력을 갖추기 위해 노력해야 할까?', '삶의 단계마다 경쟁력을 갖추면 행복해질까?', '열심히 사는데 왜 행복과 멀어지는 느낌이 들까?'

이것은 맹목에 대한 반성이었다. 생각 없는 추종에 대한 반성이었다. 그냥 흘러 지나갈 법한 의심이 삶의 질문으로 인식된 것은 글쓰기의 힘 때문이었다. 나는 실제로 이렇게 썼다.

준비하기 위해 태어난 사람이 있는가?

변증법의 반反에 해당하는 질문이었다. 내가 살아온 이력에 제대로 대든 날이었다.

질문은 그 자체로 힘을 가지고 있다. 어떤 답을 촉구하기 때문이다. 질문의 힘에 대해 서울대학교 심리학과 최인철 교수는 그의 저서 《프레임》에서 이렇게 말한다.

"원하는 답을 얻으려면 질문을 달리하라. 질문이 달라져야 답이 달라진다."

질문에 답을 할 때는 일차적으로 경험에 초점을 맞추지만, 자신이 가진 지식 정보도 총동원하게 된다. 이러한 지식 정보의 결핍된 자리에 독서가 들어오고, 점차 알게 되는 것이 늘어난다. 질문이 늘었다는 것은 의심과 호기심, 앎에 대한 욕구가 늘었다는 의미. 일반적으로 학습에서 질문하기를 핵심으로 보는 것은 이런 메커니즘 때문이다. 한마디로 질문은 유능함으로 가는 길이다. 그 길에 글쓰기는 강력한 지원군이자 내 질문에 답해주는 선생이다.

내가 나에게 던진 이런저런 질문들 속에서 어떤 것들은 활자로 남았다. 그러면서 작은 질문이 점차 큰 질문으로 확장되어 갔다. 새로운 욕구가 꿈틀거렸다.

정말 나를 위해 잘 살아보자.

이 문장을 쓰면서 머릿속에 여러 질문이 하나로 정리됐다. '나는 무엇 때문에 열심히 일하는가?' 이 질문을 붙잡고, 나는 넉 달간 쉼 없이 써내려갔다.

답을 찾기 위해 펜을 놓을 수 없었다

어느새 바쁜 하루 속에서도 틈틈이 글을 쓰는 일에 익숙해지기 시작했다. 이전에는 간과했거나 필요 이상으로 고민했던 일들을 글로 쓰면서 쉽게 정리할 수 있었다.

글쓰기를 나의 생활의 일부로 받아들인 후로, 사람을 관찰하는 버릇이 더 늘었다. 관찰은 일종의 답을 찾는 행위와 같다. '저 사람은 무엇 때문에 열심히 일할까?', '그는 일에서 행복을 느낄까?' 이전보다 주변인들의 삶을 유심히 지켜보게 됐고, 나보다 인생을 먼저 살아본 사람들의 말도 귀에 더 잘 들어왔다. 그리고 이 새로운 정보들은 내 생각과 만나 글에 담겼다. 그렇게 쓴 글은 지금까지 세상에 없던 글이 되고 가장 독창적인 생각을 담은 글이 된다.

언어는 단지 인간의 의사소통 도구가 아니다. 특히 글을 쓴다는 것은 단순히 글자를 남기는 것 이상의 의미가 있다. 영국 소설가 E.M. 포스터_{E.M. Forster}는 글을 쓴다는 것에 대해 이렇게 말했다.

"내 생각을 아직 써보지 못했는데, 어떻게 그것을 알 수 있겠는가?"

그의 말처럼, 글로 쓰기 전까지의 생각은 대체로 막연할 때가 많다. 그런데 글로 옮겨지는 순간, 생각은 명료해질 뿐만 아니라 무의식에서 또 다른 새로운 생각을 호출해낸다. 이를테면 인생에서 가장 행복했던 순간을 머릿속에 떠올리기만 하는 것과 그에 관해 쓰는 것은 전혀 다른 결과를 만들어낸다. 글을 쓰면 질문이 줄을 잇기 때문이다. '그때 왜 행복했는가?', '그때 감정은 어땠는가?' 모든 질문에 어떤 식으로든 답을 하기 위해 과거의 기억이 활발하게 불려오면서 새로운 질문과 만나게 된다.

사실 글을 쓰는 일이 늘 쉽고 즐겁지만은 않다. 쓰면서 돌파해야 할 장애물이 한둘이 아니다. 그럼에도 내가 지속해서 글을 쓰는 이유는 이전보다 더 나은 사람이 되기 때문이다. 글쓰기가 그 자체로 마법을 부리기 때문이다.

혼자 끄적이는 즐거움

글을 쓰기 시작한 후로 나는 알람을 켜지 않고도 새벽 다섯 시가 되면 눈이 저절로 떠졌다. 누가 시킨 것도 아닌데 기상 시간이 평소보다 두 시간이나 앞당겨졌다. 이런 경험은 수험생 시절 이후 처음이었다. 샤워하고 커피 내리고 출근할 옷을 고르고 나면 어김없이 컴퓨터를 켰다.

아침은 내 머릿속 생각이 세상을 지배하는 시간이었다. 어떤 문제를 해결하기 위해 과거와 현재가 빈번하게 교감하는 시간이었다. 나를 위한 무대에서 좌뇌와 우뇌라는 스태프가 깨어나 분주하게 움직였다.

집 밖을 나와서도 마찬가지였다. 특히 지하철역까지 걸어가는 동안 뇌 운동은 더욱 활발해졌다. 차를 타고 책을 읽는 도중에도 자꾸 머릿속에서 어떤 생각이 맴돌았다. 생각이 조금 정리되면 메모로 반드시 저장했다. 일부는 다듬어서 SNS에 올리기도 했다. 뭔가 알게 된 느낌, 혹은 알 것 같은 느낌이 나를 계속 글쓰기로 내몰았다.

'혼자 있다'는 것은 바로 이런 상태를 의미했다. 나는 주로 무언가 생각하거나 쓰고 있었다. 이전에 느끼곤 했던 심심하다거나 쓸쓸하다거나 하는 느낌이 아니었다. 오히려 정반대였다. 생기와 활력이 넘쳐흘렀다. 기를 쓰고 혼자 있는 시간을 만들어내는 것은 당연한 일이 됐다.

퓰리처상을 받은 작가 제인 스마일리Jane Smiley는 "궁금한 것들을 밝혀내기 위해 글을 쓴다."고 했다. 나에게도 글을 쓰게 만드는 힘은 '호기심'이었다. 나에게 있었던 일, 나를 오래 붙잡아두는 생각을 해석하고 싶었다. 그러면서 더 많은 글들을 읽게 되고, 또 그에 관해 쓰게 됐다. 이러한 호기심은 어디서 생겨났을까? 정확히 알 수는 없으나, '쓰기'와 관련이 깊다는 것은 분명했다. 글쓰기가 생각을 촉발시키기 때문이다.

글 쓰는 생활에는 사이클이 있다. '쓰면 기분이 좋아진다.' 이것은 매우 중요한 시작점이다. 기분이 좋아서 쓰는 것이 아니라 글을 쓰면 기분이 좋아진다. 말장난이 아니다. 글을 쓸 때의 기분은 설렘과 답답함, 쾌감과 긴장의 리드미컬한 반복이다. 단, 전제가 있다. '자신이 선택한 글쓰기'여야 한다는 것이다. 시켜서 글을 써야 하는 경우에는 그 반대의 경험을 하게 될 확률이 높다.

글을 쓰면 기분이 좋아지니까 좋은 기분을 지속하기 위해 계속 글을 쓰게 된다. 더 쓰다 보면 재료가 필요해져 더 읽게 된다. 그렇게 읽고 쓰다 보면 무언가를 알게 되고 새로운 관심사가 생긴다. 이 단계에서 호기심이 쑥쑥 자란다. 호기심은 글쓰기의 영역을 확장한다. 그러면서 새로운 주제가 생기고 다시 글을 쓰기 시작한다. 어떤 글들은 나만의 논문이 된다.

머릿속이 꽉 채워지는 경험

《대통령의 글쓰기》를 쓴 작가 강원국은 어느 강연에서 자신이 글쓰기에 빠져 있을 때의 기분을 다음과 같이 묘사했다.

"굳이 무언가를 읽거나 듣지 않아도 (쓸 것이) 생각나요. 길을 가다가 생각이 나요. 운전하다가 생각이 나요. 그렇게 글을 쓸 것들이 생각나는 삶은 기분이 좋고 행복해요. 스스로 고양되고 성숙해지고 잘하고 있는 것 같은 느낌이 들어요. 그럴 때마다 정신없이 글을 쓰고 블로그에 올려요. 이런 생활 자체가 행복한 삶이 아닐까요?"

듣기만 해도 왠지 기분 좋아지지 않는가? '나도 이런 기분을 느끼고 싶다'라는 생각이 들지 않는가? 이는 몰입의 즐거움이다. 심리학에서 말하는 몰입flow은 '무언가에 흠뻑 빠져 심취해 있는 무아지경'을 의미한다. 몰입을 자주 경험하는 사람들은 보통 사람들이 쉽게 엄두도 내지 못할 만큼 부지런하다. 또 그 순간의 세세한 감정을 정확히 안다. 특히 기분 좋음, 즉 즐거움이라는 감정이 아무런 노력도 없이 시종일관 유지되지 않는다는 사실을 잘 알고 있다. 다시 말해 몰입한 상태에서 늘 긍정적인 감정만 느끼는 것이 아니라 짜증과 스트레스도 함께 느낀다.

글쓰기와 관련해 나의 예를 들자면 이렇다. 텅 빈 화면 속 커서가 깜박이고, 내 머릿속에서도 무언가가 깜박거린다. 생각이 날 듯 말 듯, 단어가 잡힐 것 같다가 금세 날아간다. 잠시 후 결국 포기하고 컴퓨터 종료 버튼을 눌러버린 순간, 어렴풋이 쓰려고 했던 이미지가 떠오른다. 다시 전원을 켜고 자세를 잡아야 하나 고민한다. 이런 고통스러운 상태에서도 몰입은 일어난다. 어떤 문제를 해결하기 위해 흠뻑 빠져드는 것 역시 몰입이다. 이런 과정이 고통스러워서 싫다고 한다면 그것은 몰입이 아니다. 몰입은 늘 좋은 감정만 갖게 하지는 않지만, 그럼에도 기꺼이 자청해서 다시 그 경험으로 들어가게 만든다.

심리학자 미하이 칙센트미하이 Mihaly Csikszentmihalyi 는 "절대 만만치 않지만, 실패가 두려울 만큼 어렵지 않은 일을 할 때 몰입이 일어난다."고 말한다. 글쓰기에 한 번 '빠지면', 이런 상황은 자주 찾아온다. 글을 쓰는 삶을 정의하자면, 너무 쉽지도 너무 어렵지도 않은 문제를 스스로 만들어내 배우고 성장하며 틈틈이 몰입하는 삶이다. 혼자 할 수 있는 일 중에 그 어떤 것이 글쓰기의 기쁨을 대체할 수 있을까?

낙서가
바꿔 놓은 삶

글이 차곡차곡 쌓이면서, 내가 쓰고 있는 글이 사람들에게 읽히면 좋겠다는 생각이 들었다. 어느 순간부터는 글을 쓰면서 독자를 염두에 두고 자료 조사도 병행했다. 뉴스 기사를 스크랩했고 글을 쓰는 데 필요한 책도 찾아 읽었다. 글의 주제가 어느 정도 잡히면서 제목도 붙여봤다. '스펙의 역습'이라는 가제를 달았다.

출판사에 다니는 지인에게 내 원고를 주고 한번 봐줄 수 있는지 물었다. 나의 기대감이 얼굴에 드러나서였을까? 지인은 부담을 느꼈는지 쉽게 피드백을 주지 않았다. 그리고 몇 주 뒤 그에게서 모호한 답변이 왔다. 원고의 내용은 30대에게 공감을 얻지 않을까 싶은데, 예상 독자층은 20대라 출간이 고민된다고 했다. 나는 알고 있었다. 그는 '팔리지 않을 것 같다'는 의견을 부드럽게 돌려 말해준 것이었다.

그래서 나는 원고를 다시 정리해 출판사 몇 곳에 독자투고 형식으로 이메일을 보냈다. 두 곳에서 긍정적인 답변이 돌아왔다. 그렇게 해서 나이 마흔에 되돌아본 직장과 일에 관한 이야기이자 나의 첫 책인 《일생의 일》이 세상에 나오게 됐다.

책을 낼 수 없다고 생각한 네 가지 이유

내가 책을 낸다는 것은 상상도 하지 못한 일이었다. 막연한 소망은 있었지만, 출간을 꼭 실현하고 싶은 목표로 여긴 적은 없었다. 현실적으로 가능한 일이라고 전혀 생각지도 못했다. 출간을 할 수 없을 거라고 생각한 이유는 많았는데, 추려 보면 다음과 같이 크게 네 가지다.

첫째, 겨우 나이 마흔에 '좋아하는 일을 하라'는 메시지를 언급하는 것이 주제넘은 일이라고 생각했다.

둘째, 책을 쓸 만큼 이야깃거리가 두툼할 것이라 생각하지 못했다.

셋째, 나의 경험에 대한 글을 읽어줄 사람이 있을 거라고 생각하지 못했다.

넷째, 짬을 내서 글을 쓸 시간도, 완성할 시간도 없었다.

내가 이런 이유를 갖게 된 감정을 정리해보면 한마디로 '두려움'이었다. 그런데 그런 내가 일을 낸 거다. 사건의 중간 과정을 생략하고,

처음 시작과 끝만 보면 황당할 만큼 비약적인 사건이었다.

낙서로 쓴 '첫 문장'(10대는 좋은 대학에 가기 위해 수능에 매달린다)이 그 트리거였다. 이어서 써 내려간 두 문장이 내 마음을 뒤흔들었다. 그 세 문장이 담긴 투고 원고를 읽은 편집자도 역시 거기에서 강한 에너지를 느꼈던 것 같다. 그리고 그 세 문장은 끝까지 살아남아 책의 표지를 장식했다. 말로 형용할 수 없을 만큼 신기한 경험이었다. 이제 이것은 나의 이야기에서 우리의 이야기가 됐다. 책의 흥행을 떠나 나에게는 이것이 인생 사건이 됐다. 글을 쓰면서 인생의 너무나 많은 것이 변했기 때문이다.

진짜 기적은 글을 쓰는 중에 일어난다

추리소설의 여왕 애거사 크리스티는 자서전에서 자기 인생에 관한 이야기를 하며, 다음과 같이 썼다.

나에게 인생은 세 가지로 이루어져 있는 듯 싶다. 매분 매초 무언가가 와글와글 쏟아지는 흥미진진하고도 대체로 즐거운 '현재'. 모호하고도 불확실하기에 얼마든지 흥미로운 계획을 세울 수 있는 '미래'. 한 사람의 현재를 떠받들고 있는 기억이자 사실인 '과거'. "그땐 그랬지." 하며 설명할 수 없는 기묘한 즐거움에 빠지게 된다.

이 경험이 그녀를 인생의 말년까지 계속 글을 쓰게 만든 힘이다. 즉 글을 쓰면서 그녀는 자신의 과거와 현재 그리고 미래가 가깝게 연결되는 경험을 했다. 이렇듯 글쓰기는 과거의 사소한 경험도 불러내 현재의 자아와 대면하게 해 우리에게 새로운 자극을 준다.

나는 글을 쓰는 사람이라면 누구나 이와 비슷한 경험을 할 수 있다고 믿는다. 쓰면서 시간을 자유롭게 넘나드는 경험, 쓰면서 엉켰던 문제가 스르륵 풀리는 경험, 그렇게 계속해서 쓰다 보니 한 권의 책이 되는 경험은 결코 남의 이야기만이 아니다. 물론 글쓰기의 궁극적인 지점을 꼭 책이라는 결과물에 한정할 필요는 없다. 글을 쓴 이후로, 지금도 나를 흥분시키는 기억은 출간이 아니다. 책을 내본 사람은 안다. 잔치의 여흥은 생각보다 빨리 사라진다. 진짜 기적은 글을 쓰는 과정에서 일어난다. 한 글자 한 글자 단어를 고르고 문장을 만드는 모든 순간에 일어나는 다양한 자극이 나를 움직이게 하고 달라지게 만든다.

모든 감각이
예민해진다

매일매일 나 자신이 성장한다고 느끼는 감정만큼 좋은 기분이 있을
까? 성장에는 재미와 의미가 절묘하게 섞여 있다. 글쓰기의 마력은
이 성장의 기쁨이 끌고 가는 힘에서 나온다. 세계적인 글쓰기 대가들
의 증언을 들어보자.

"글을 쓰고 있을 때 나는 서로 다른 차원의 두 세계를 오간다. 현
실 세계도 충분히 만족스럽지만, 또 다른 세계가 나에게는 천국과
도 같다."_제니퍼 이건Jennifer Egan

"글을 쓰다 보면 내 삶에 이야기 구조가 생긴다."_앤 패쳇Ann Patchett

"매일매일 글쓰기를 하다 보면 어느 지점에서는 비행기가 이륙하듯이 일종의 도약이 일어나리라는 것을 알게 된다."

_제인 스마일리Jane Smiley

"강한 통제력을 갖게 된다. 이는 글 쓸 때가 아니라면 어디에서도 가질 수 없는 능력이다."_메그 울리처Meg Wolitzer

이들이 말하는 '기분 좋음'의 정체는 무엇일까? 다시 한번 위의 말들을 곱씹어 생각해보자. 이들은 모두 무언가를 해낸 경험에 대해 이야기하고 있다. '다른 차원의 두 세계를 오가고', '도약을 느끼고', '강한 통제력을 갖는 것'. 즉 글을 쓰기 이전보다 자신이 유능해졌다고 느끼는 감각과 함께, 글로 표현해내는 과정과 그 결과에서 얻는 희열이 그들을 글쓰기에 미치게 만든 것이다. 이는 많은 작가가 고통스러워하면서도 쓰기를 멈추지 않는 이유다.

이처럼 쓰기가 일상이 되면 수시로 기분이 좋아진다. 더불어 감각기관도 바빠지는데, 이는 습관으로 연결된다. 글을 쓰면서 나에게는 세 가지 새로운 습관이 생겼다.

첫째, 입으로 계속 되뇌는 일이 늘었다.

흔히 수수께끼를 풀거나 시험공부를 할 때 이런 버릇이 자주 나타나는데 무언가가 떠오를 듯 말 듯, 해결될 듯 안 될 듯한 상태에서 답을 찾아내려는 간절함이 이렇게 입으로 되뇌는 행위로 이어진다. 예를 들어, 책을 읽다가 어떤 구절을 보고 '작가는 왜 그런 말을 했지?', '나도 그렇게 생각하나?' 하고 스스로 되묻게 된다. 또 '내가 했던 생각이 뭐였더라?', '그것이 이 구절과 무슨 관련이 있지?', '아, 그건 아니구나…' 하는 식의 질문과 경험이 서로 조각을 맞추고 새로운 가설을 세우는 과정에서 끊임없이 그것을 되뇌게 된다. 되뇌는 행위를 통해 머릿속에서 맴도는 질문을 상기하고 그에 맞는 데이터를 호출하게 되는 것이다. 이때 퍼즐을 맞추기 직전, 몰입은 최고조에 이른다. 되뇌는 과정은 왕성한 창조 활동이다.

둘째, 눈과 귀가 예민해진다.

글쓰기는 출력 행위다. 입력되는 정보 없이 출력도 없다. 사람이 허기지면 먹을 것을 찾기 마련이듯, 글을 쓰다 보면 새로운 정보에 늘 결핍을 느낀다. 많이 쓸수록 그 정도는 더해진다. 내가 생각한 것 이상의 정보를 얻기 위해 서점과 도서관을 드나드는 빈도가 늘어난다. 지하철에서 한가하게 스마트폰을 볼 여유도 없어진다. 주변에서 일어나는 모든 일은 정보와 글감이 된다.

내 주위를 둘러싼 사람들도 글감이 된다. 내 눈앞에서 재잘거리고 있는 사람이 내게 생각할 거리를 주는 사람이다. 그가 말하는 어떤 지점에서 내 감정이 꿈틀거릴지 알 수 없다. 자연스럽게 주의를 기울이게 되고 경청하게 된다. 경험이 누적되는 만큼 사람과 사물을 보는 태도가 바뀐다. 이렇듯 글쓰기는 평소 익숙하게 보던 것도 낯설게 돌려

놓는다.

셋째, 손이 바빠진다.

찰나의 생각은 금방 날아간다. 대부분 시간이 지나면 그 생각들은 복원 불가능한 경우가 많다. 생각을 잡아두는 데 실패한 경험이 쌓일수록 기억을 붙잡아 놓기 위해 대비를 하게 된다. 게다가 글쓰기라는 목적까지 있으면 더욱 그 대비가 필요하다. 가장 간편한 방법은 '메모'다. 메모할 수 없는 상황(예를 들어 버스에서 하차할 때)에서는 그 생각을 까먹지 않기 위해 끊임없이 되뇐다.

대다수 직장인이 어떤 식으로든 메모를 한다. 그런데 업무가 아닌 데도 메모를 많이 하는 사람이 있다. 가만히 보면 뭔가에 빠진 사람이다. 어떤 영역에서든 한 획을 그은 사람 중 메모광들이 수없이 많다. 미국의 사상가 에머슨은 지독한 메모광이었다. 그는 떠오르는 생각을 날마다 기록했다. 레오나르도 다빈치도 늘 메모장을 들고 다녔으며, 메모를 다시 주제별로 노트에 옮겼다. 빅토르 위고는 사소한 아이디어라도 입 밖으로 나오는 순간 곧바로 공책에 적었다.

나의 모바일 메모장도 항상 역동적으로 움직인다. 글쓰기에 관해 적어둔 메모장을 들춰 보면 다음과 같은 것들이 있다.

2018.2.3 점의 연결과 성공 경험/ 동기/ 잠수하기/ 3일 만에 일어
난 변화

2018.3.24 글은 살아온 모든 걸 연결한다.

2018.5.19 글쓰기는 문제를 명료하게 만든다.

2018.6.29 마법/ 새로운 프레임워크

2018.10.25 글을 쓸 때 느끼는 이 느낌, 일주일에 한 번만 느껴도
　　　　　대박이다.

별것 아닌 것 같아도 그 당시에는 엄청난 에너지를 저장한 기록이었다. 남이 보면 이러한 메모의 의미 파악이 힘들 수 있다. 그럴 수밖에 없는 것이 메모는 누구에게 보이기 위한 기록이 아니기 때문이다. 그렇지만 쓰는 사람에게는 글감의 원석이자, 계속해서 글쓰기를 촉진하는 트리거가 된다. 만약 내가 이렇게 끊임없이 메모를 하지 않았다면 이 책은 아마 세상에 나오지 못했을 것이다.

글쓰기로 일어난 생활의 변화들을 정리해보자. 쓰기는 오감을 동시에 자극한다. 얼핏 보면 수고로운 활동 같지만, 이를 마다하지 않는 것은 나를 위한 자기목적적 활동이기 때문이다. 남들이 보는 것과 다르게 그 과정에서 보상을 충분히 받는다. 왕성한 피드백도 부지불식간에 이루어진다. 무엇보다 나는 이러한 활동이 즐겁다는 것을 분명히 인식한다. 말하자면 무엇이든 글로 쓰기만 하면 기분이 좋아진다. 글쓰기는 그렇게 가슴 뛰는 하루를 만들어낸다.

글쓰기의
맛

내 취미는 글쓰기다. 본격적으로 글을 쓴 지 이제 7년이 넘었다. 한동안 겸연쩍어서 취미로 글을 쓴다는 말을 못 했는데, 이제는 부담 없이 말하고 다닌다. 취미는 전문적으로 하는 일이 아니라 '즐기기 위해' 하는 일인데, 내가 그동안 취미의 뜻을 잘못 이해하고 있었다. 잘하느냐 못하느냐는 취미를 대상으로 할 얘기가 아니라는 것을 늦게 깨달은 까닭이다. 또 다른 취미는 글쓰기를 추천하는 일이다. 언제부턴가 나는 주변 사람들에게 글 쓰는 즐거움을 설파하는 글쓰기 전도사가 되어 있었다.

K의 이야기는 어쩌면 이 책을 쓰게 된 계기가 되었는지도 모르겠

다. 몇 년 전, 나는 K에게 글쓰기를 권했다. 그는 같은 방송국 선배이자 방송계에서 알 만한 사람들은 모두 아는 기획의 권위자다. 한국에서 BBC 다큐멘터리와 같은 수준의 다큐멘터리를 자주 볼 수 있게 된 것은 전적으로 K의 공이 크다. 방송뿐만 아니다. 그가 이야기하는 '한 가지 본질적 속성에 집중하는 법', '한 문장으로 표현하는 기획의 방법론' 등은 여러 후배에게 깊은 통찰을 안겨 주었다.

나는 K에게 몇 차례 글을 써보라고 권했다. 하지만 돌아오는 답은 비슷했다. "딱히 글로 할 얘기가 없다." "너무 바쁘다." 이 두 가지가 글을 쓰지 못하는 주된 이유였다. 그리고 K가 직접 말은 하지 않았지만 내가 알고 있는 한 가지 이유가 더 있었다. 바로 '글쓰기에 대한 엄격함'이다. 언젠가 K는 내게 이렇게 말한 적이 있다.

"글을 쓴다는 자체보다 내 글을 누군가에게 드러내는 것이 두렵다."

실제 K가 회사의 안과 밖에서 공개적으로 글을 쓴 것을 나는 본 적이 없다. 적어도 내가 그와 직장생활을 함께한 15년 동안은 그랬다.

그러던 K가 2017년부터 본격적으로 글을 썼다. 정확히 언제부터 시작했는지는 알 수 없다. 분명한 것은 나에게 "글을 쓰고 있다."고 말한 때에는 이미 글을 쓰는 일이 그의 취미가 된 시점이었다. 더불어 그는 출간도 염두에 두고 있었다. 책의 주제는 그의 전문 분야인 '기획'이었다. 그로부터 몇 달 뒤, K는 글을 쓰면서 인생이 바뀌었다고 말했다. 인생에서 그 어느 시기보다 지금 가장 많이 책을 읽는다고 했다. 또 글을 쓰기 위해 아침에 일찍 일어나는 것은 물론 전에 없던 나름의 바지런 떠는 습관도 생겼다고 했다.

실제로 2018년 가을 K는 책을 펴냈다. 방송에 관한 전문서도, 개인 경험을 기술한 에세이도 아닌 경영서이자 사상서다. 《딜리트》delete라는 책의 제목처럼 K는 집필 과정에서 스스로 많은 것을 딜리트했다. 그 시작은 바로 '글쓰기에 대한 엄격함'을 제거한 것이었다.

글을 쓰는 사람만이 알 수 있는 느낌

한번은 공공기관에서 근무하는 영양학 박사 P에게 책을 써보라고 권유한 적이 있었다. P는 처음에 "에이, 제가 어떻게 책을 써요."라고 대수롭지 않게 응수했다. 그러더니 며칠 뒤 나에게 글로 쓰고 싶은 아이템을 문자로 보내왔다. 무려 세 가지였다. 아동이 요리로 할 수 있는 놀이 활동, 아동 편식 개선법, 그리고 자신이 평소에 좋아하는 그림에 관한 이야기. 아동에 관한 두 가지 주제는 자신의 업무와 관련이 있었고, 나머지는 개인 관심사에서 뽑은 주제였다. 이처럼 내 주변만 보아도 대부분 글쓰기에 대한 실행 의지가 없을 뿐이지 욕구 자체가 없는 것은 아니었다.

안타깝게도 글쓰기에 흥미를 보인 사람 중 대부분이 뒤돌아서는 순간 어제와 같은 일상으로 무심하게 돌아간다. 욕구가 의지로 넘어가기 전에 흥분이 식어서 그렇다. 다른 측면에서 보면, 욕구를 누르는 압력이 더 크게 작용한 것이다. 압력을 느끼는 여러 이유가 있겠지만 큰 원인 중 하나는 글쓰기에서 느껴지는 무게감 때문일 것이다. 사람들은 글을 쓴다고 하면 곧 책을 내는 것과 같은 이미지를 떠올린다. 물론 이런 인식 자체가 문제는 아니다. 글을 책으로 펴낸다는 것은 오히려 좋은 동기가 될 수도 있다.

하지만 현실은 종종 기대를 빗나간다. 걷기에 비유해보자. 처음 나서는 길이 동네 산책이 아니라 수천 킬로미터의 대장정이라면? 아마 선뜻 발이 떨어지지 않을 것이다. 책은 글을 쓰는 여정의 한 부분일 뿐이다. 일단 글을 쓰기 시작하고 쓰는 과정에서 쾌감을 맛봐야 지구력도 생긴다.

또 하나, 책이라는 생산물에만 집착하면 글쓰기는 해치워야 하는 숙제가 되어버리고 만다. 이렇게 되면 글을 쓰는 과정에서 오는 즐거움은 점점 멀어진다. 결과와 평가에서 어느 정도 벗어나야 진짜 글쓰기의 맛을 느낄 수 있다.

'있었던 일'부터
쓴다

내 주변에는 스스로 "글을 잘 쓴다."라고 말하는 사람을 찾기 힘들다. 반면 "나는 글 못 써."라고 말하는 사람은 많다. 대개 '글을 잘 쓴다'는 그 기준이 꽤 높다. 우리가 문학 작품을 읽을 때 느낄 수 있는 수준을 생각한다. 그렇다면 '글을 못 쓴다'는 기준은 어디에 있을까? 우리는 매일매일 무언가를 쓰면서 산다. 메모든, 업무 메일이든, 보고서든, 과제물이든, SNS 게시물이든, 문자 메시지든 말이다. 그런데 왜 '글을 못 쓴다'라고 자기비하의 평가를 내릴까?

《88만원 세대》의 공저자이자 사회비평가인 박권일이 글쓰기에 관해 귀담을 만한 경험을 이야기한 적이 있다. 그는 어릴 때 글을 잘 쓴다고 인정받던 아이였다. 그러나 취직을 위해 써야 했던 자기소개서는 그에게 번번이 실망감만 안겨 주었다. 단지 취업에 실패해서가 아니라 스스로 보기에도 자기소개서의 글은 한심스러웠다. 그리고 몇 해 뒤 그는 우연히 자전적 에세이를 쓰게 됐는데, 그때 문득 이상한 점을 발견했다. 에세이를 쓸 때와 자기소개서를 쓸 때의 마음 상태가 상당히 달랐던 것이다. 에세이를 쓸 때는 문장 역시 꽤 매끄럽게 나왔다. 자기소개서와 자전적 에세이, 이 둘의 차이는 대체 무엇일까?

박권일은 그 이유를 '자기소개서'라는 특이한 형식에서 찾았다. 그의 말을 들어보자.

"자기소개서는 오직 취업을 목적으로 타인에게 자신의 과거를 전시하는 글이다. 여기에는 어떤 여백이 없다. 어떤 공감도 신비도 없다. 발가벗겨진 상품 하나가 덩그러니 놓여 있을 뿐이다. 이런 형식과 맥락 속에서 한 개인의 서사가 개별 가치와 생기를 지니기란 무척이나 어려운 일이다."

이러한 그의 지적에 나 역시 전적으로 공감한다. 내 기억에도 자기소개서를 쓰면서 기분이 좋았던 적이 없다. '어떻게 하면 나를 더 돋보이게 할까?' 하고 머리를 쥐어뜯었던 기억뿐이다. 자기소개서는 타인의 인정을 갈구하는 글쓰기이다 보니 정작 '진짜' 내가 그곳에 쓰여 있지 않았다. 그것은 내가 선택한 글쓰기도 아니고, 나를 제대로 탐색하는 글쓰기도 아니었다. 재미는커녕 글을 쓰면서 나의 진솔한 삶을 연결하기도 힘들었다.

자기소개서라는 글쓰기를 요구하는 사회가 잘못됐다는 것이 아니다. 우리는 살면서 다양한 글을 쓰게 된다. 자기소개도 해야 하고 문서 요약이 필요할 때도 있고 이메일도 중요하고 보고서도 잘 써야 한다. 글은 말과 더불어 가장 중요한 의사소통 수단이다. 평소에 꾸준히 연마해야 한다. 문제는 우리 삶에 기능적이고 실용적인 글쓰기가 너무 많다는 사실에 있다. 문학적 글쓰기도 수사적 접근법에 지나치게 많이 할애하는 경향이 있다. 이렇게 되면 하고 싶은 글쓰기가 해야 하는 글쓰기가 되고 만다. 자연스럽게 머릿속에서 글쓰기는 '재미없는 것', '필요와 요구에 따라 해야만 하는 것', '내 삶과 크게 관련이 없는 것…' 이런 식으로 인식이 된다. 글 쓰는 실력이 느는 것은 둘째 치고, 이렇게 되면 어떻게 글쓰기와 친해질 수 있을까?

쓰기 시작하면 절반은 해결된다

이런 문제를 어떻게 해결하면 좋을까? 나는 답을 찾기 위해 SNS상에서 지인들의 글을 유심히 관찰했다. 일부는 만나서 인터뷰도 했다. 글쓰기에 관한 책을 100여 권 정도 읽고, 논문도 수십 편 탐독했다. 그리고 마침내 단순한 통찰을 얻었다.

'시작만 하면, 누구나 글쓰기를 취미로 받아들일 수 있다는 것.'

언뜻 허망하게 들리기도 하겠지만, 글쓰기는 그 자체로 그런 속성을 가지고 있다. 방법도 어렵지 않다. 쉽게 시작하는 것이 가장 좋은 방법이다. 그래서 나는 사람들에게 "있었던 일부터 쓰세요."라고 말한다. 별것 아닌 듯하지만, 마법은 여기서부터 일어난다. '일단 글로 썼기 때문'이다. 자신이 잘 아는 내용이니 따로 자료를 수집할 필요도 없다. 그냥 생각나는 대로 쓰면 된다.

있었던 일을 써 내려가다 보면 자신의 생각이 쉽게 따라붙는다.

'오늘 이런저런 일이 있었다. 나는 이런 생각을 했다.'

위와 같은 흐름을 갖는 것이다. 이를 자기서사적 글쓰기 혹은 자기 표현적 글쓰기라고도 한다. 쉬운 예로 일기가 대표적이다. 단상을 적은 메모도 이에 해당한다. 이런 유형의 글쓰기는 누군가를 설득하거나 정보를 제공하기 위한 목적이 아니다. 개인의 경험에 초점을 맞추고 표현하는 것이 그 목적이다.

다음은 내가 실제 페이스북에 쓴 글이다.

2018년 11월 4일

미스 사이공이라는 쌀국수집에 갔다. 가격이 쌀 것 같아 들어섰는데 역시 인기가 있다. 입구 우측에 자동주문기가 있다. 이제 이 정도의 문명은 낯설지 않다. 벽에 붙은 메뉴를 봤다. 소고기 쌀국수 4,000원. 내 기대보다 2,000원이 싸다. 반값 쌀국수가 등장했다. 번호표를 뽑고 기다리니 딩동 소리와 함께 음성 안내가 나왔다. 녹

음된 성우 목소리다. 이 부분이 좀 특이했다. 식당에서는 처음 경험해본다. 아르바이트 시스템이 자리잡은 롯데리아만 해도 "새우버거 시키신 분!" 이 정도는 호명해주지 않나.

쓱 둘러보니 가게 사장처럼 보이는 사람은 없다. 베트남 청년 두 명이 전부다. 그것도 홀에는 없고 주방에만 있다.

혁신적인 프랜차이즈다. 맛도 기존에 가던 곳과 큰 차이가 없다. 혼자 먹기엔 외려 종업원이 없는 게 편하기도 하다.

그러다 그런 생각이 들었다. 어차피 패스트푸드인데 주방이 없어질 수도 있겠구나. 그러면 더 싸지겠네. 여차하면 사람이 한 명도 없는 식당에서 밥만 먹고 나올 수도 있겠구먼. 이미 와 있는 미래라 생각하니 더 씁쓸하다.

일상에서 일어날 수 있는 평범한 소재의 글이다. 나는 평소에 이런 식으로 글을 쓴다. 경험한 일 중에서 무언가 느낌이 올 때 그것을 글로 쓴다. 주로 있었던 일을 기술하고, 생각이나 의견을 덧붙여 마무리한다. 대개는 SNS나 블로그에 노출하고, 이따금 내 일기장에만 보관하는 글도 있다.

이처럼 '나를 위한 글'을 써보자. 타인을 위해서가 아닌 나를 위한 글을 쓸 때 글쓰기는 게임이 된다. 비유하자면 똑같이 수영을 해도 경기가 아니라 놀이가 된다. 더 잘하고 싶어진다. 심지어 경기를 하게 돼도 여전히 그것은 물놀이다. 스스로 선택했고 이전보다 유능해지기 때문이다. 가장 간단한 시작은 바로 '오늘 나에게 있었던 일에 대해 쓰기'다.

경험을 기록하면 글쓰기는 훨씬 쉽고 흥미로워지며, 일상에는 마법 같은 변화가 찾아오게 된다. 지금부터 황홀한 글쓰기의 마법에 빠져보자.

일단 한번 써볼까?

1. 최근 한 달간 있었던 일 중에 인상 깊었던 사건을 시간 순서대로 써
   보자.

2. 그 일을 통해 자신이 느낀 점을 생각나는 대로 써보자.

3. 1번과 2번의 글을 합쳐서 요약해보자.

- 나를 마주하는 글쓰기
- 사람들은 자신을 드러내고 싶어 한다
- 생각을 쓰며 나를 객관화한다
- 글은 결국 나 자신을 향해 이야기한다
- 지도 없이 떠나는 여행
- 솔직하게 써야 자기치유가 가능하다
- 타인이 답해줄 수 없는 질문
- 그때 쓰지 않으면 잡을 수 없는 것들
- 하루하루의 기록이 나를 성장하게 한다
- 글쓰기 취미 만들기 프로젝트 2. '나'라는 사람은 누굴까?

제2장

쓰면 쓸수록
나는 단단해진다

: 자의식의 힘

나를 마주하는 글쓰기

소설가 김영하가 대학생들에게 글쓰기를 가르쳤던 일화 하나를 소개하겠다. 그는 학생들에게 '나는 용서한다'로 시작하는 글을 쓰라는 과제를 내주었다. 글의 첫 문장만 제시하고 나머지는 학생들에게 맡겼다. 시간이 흐르면서 교실은 침묵에 잠겼고 연필 움직이는 소리만 들렸다. 이때 김영하는 학생들이 정말 자기 경험에 몰입한다는 것을 느꼈다고 한다. 30분이 지나자, 갑자기 한 학생이 울면서 강의실을 뛰쳐나갔다. 덩달아 슬픔을 못 이기고 뒤따라 나가는 학생들이 있었다. 단 몇 분의 글쓰기로 학생들은 자신의 기억과 마주했다. 글이 가진 놀라운 힘이 증명된 순간이었다.

"복잡한 감정을 언어라는 논리로 차분하게 풀어낼 때 어두운 기억은 환한 세상으로 나오고 그 과정에서 스스로 더 단단해지는 거죠."

김영하는 이것을 글쓰기가 가진 '자기해방의 힘'이라고 말한다.

《뼛속까지 내려가서 써라》의 작가 나탈리 골드버그_{Natalie Goldberg}도 학생들을 가르치며 이와 비슷한 경험을 했던 일을 증언한다.

"저는 학생들에게 멈추지 말고 계속해서 쓰라고 말합니다. 자신의 감정을 넘어서야만 저 반대편 심장부에 이를 수 있기 때문입니다."

내가 본격적으로 긴 글을 쓰면서 느꼈던 감정, 내 안에서 무언가 꿈틀거리며 고조되었다가 어느새 정리되는 기분도 이와 비슷했다. 더러는 눈가가 뜨거워지기도 했다. 이것은 일하며 업무 메일을 보내거나 보고서를 쓰면서는 느낄 수 없는 감정이었다. '왜 그전에는 이런 기분을 느낄 수 없었을까. 그동안 써온 글이 얼마인데….' 이제 그 이유를 알게 됐다. 한마디로 그동안 '재미없는 글만 써왔기 때문'이다. 그 글들은 내가 선택해 쓴 글도 아니었고, 내 관심사와도 먼 글이었다.

똑같은 시간, 다른 기억을 가진 글쓰기

내 인생에서 글을 가장 많이 썼던 때는 대학 시절이다. 학기마다 적어도 두세 편의 리포트를 과제로 제출해야 했고, 학기 시험도 대부분 장문의 글쓰기였기에 매달 한 편 정도의 글을 썼다. 그러나 신기하리만큼 글쓰기에 대해 기억나는 '장면'이 없다. 너무 오래된 일이라 기억이 까마득한 것일까? '그렇지 않다'고 반증이 되는, 당시 글쓰기의 몇몇 기억들이 내 머릿속에 남아 있다.

1994년 〈월간 말〉 100호 특집에 내가 쓴 글이 실린 일이 있다. 나는 가을의 그날 아침을 비교적 또렷하게 떠올릴 수 있다. 같이 자취하던 후배가 나를 급히 깨웠다. 이 잡지를 즐겨보던 후배가 여느 때처럼 신간을 사서 읽다가 내 이름을 발견한 것이다. 손바닥만 하게 실린 독자투고 글을 후배는 용케도 찾아냈다. 당시 나는 입대 영장을 받고 쓸쓸한 시기를 보내고 있었다. 그런데 그날만큼은 복권이 당첨된 것처럼 기쁜 시간을 보냈다. 그 해를 통틀어 손꼽을 만한 기념비적인 날이었다. 또 다른 기억은 1999년의 일이다. 당시 나는 시와 일기, 그 어느 중간이 되는 형식의 글을 이따금 썼다. 연애의 영향이 컸다. 당시 문구점에서 흔하게 팔던 장정판 일기장에 온갖 멋을 부리면서 글을 썼던 기억이 있다.

모두 이미 20년도 더 지난 과거의 일들이다. 그런데도 사진처럼 또렷하게 기억나는 장면이 많다. 반면 학교에서 학과 과정 중에 쓴 글들과 당시의 상황은 잘 떠오르지 않는다. 뿌옇게 흐려진 기억과 선명하고 또렷하게 남아 있는 기억, 이 차이는 어디에서 연유하는 것일까? 왜 교실 문을 넘어간 글은 오랫동안 기억에 남은 걸까?

텍사스대학교의 심리학자 제임스 페니베이커James Pennebaker 교수는 글쓰기가 가진 잠재적 영향력은 상상 그 이상이라고 강조한다. 그는 특히 글쓰기의 자기표현 기능에 주목하라고 말한다. "자신에 대한 글쓰기는 정서 회복뿐만 아니라 인생에 대한 새로운 시야를 갖게 하고 문제해결력을 높입니다."

경험에 대해 내 생각과 의견을 글로 표현하는 일은 자발적 선택의 수준이 높다. 물론 일기와 같이 자기서사적 글쓰기를 숙제로 내주고 심지어 그것을 누군가 확인할 수도 있다. 하지만 이것은 흔치 않은 일일뿐더러 이런 경우 진정한 의미의 자기표현적 글쓰기라고 할 수도 없다.

내가 선택하고 자유롭게 표현할 때만이 나의 삶이 제대로 녹아들어갈 수 있다. 솔직하게 자기를 표현해내야만 진짜 자신을 마주할 수 있으며 글쓰기의 진정한 힘을 경험할 수 있다.

사람들은 자신을
드러내고 싶어 한다

"이야기하지 않고는 견딜 수가 없다."_이사벨 아옌데Isabel Allende

"쓰지 않고는 견딜 수 없다. 글은 내게 거부할 수 없는 운명이다."
_데이비드 발다치David Baldacci

"어떤 생각이 머릿속에 맴도는데 끄집어낼 수 없으면 내 존재는
치명타를 입기 시작한다."_조디 피코Jodi Picoult

표현 욕구는 말 그대로 다른 사람들에게 자기 생각이나 의견을 전
달하고자 하는 마음이다. 그림을 그리는 사람은 그림으로 표현하고,
서예를 하는 사람은 글씨로 표현하고, 음악을 하는 사람은 음악으로

자신의 생각을 표현한다. 글쓰기도 마찬가지다. 글쓰기 또한 표현 욕구를 해소하기 위해 선택된 방식 중 하나다.

《글을 쓰고 싶다면》의 작가 브렌다 유랜드Brenda Ueland는 인간의 표현 욕구와 관련해 이렇게 말한다. "24시간 동안 아무것도 표현하지 않으려고 애써 보라. 그런 다음 무슨 일이 일어나는지 보라. 당신은 마치 봇물이 터진 것처럼, 긴 편지를 쓰거나 그림을 그리거나 노래를 부르거나 옷을 만들거나 정원을 손질하고 싶어질 것이다."

이렇게 누구에게나 내재해 있는 강한 표현 욕구를 우리는 왜 좀처럼 드러내지 않는 걸까? 왜 어린아이처럼 왕성하고 자유롭게 드러내지 못하는 걸까? 생각해보면 이 문제의 출발은 학교 교육이다. 학교가 입시의 강한 영향권에 들어오면서, 우리의 표현 욕구는 꺾이기 시작했다. 교과과정에서는 대체로 주관적 글쓰기보다는 객관적 글쓰기를 장려한다. 평가가 쉽기 때문이다. 자기 표현보다는 학습능력과 밀접한 문제해결 수단으로서의 글쓰기에 더 치중된 양상을 보인다. 상황이 이렇다보니 개인으로서는 점점 사적이고 자기표현적인 글쓰기의 경험을 잊어버리게 되는 것이다.

글쓰기의 두 가지 기능

만약 당신이 무엇이든 쓰고자 하는 욕구를 갖고 있는데, 쉽게 글을 쓸 수 없다면 그 원인을 따져볼 필요가 있다. 이때 펜을 드는 용기를 얻기 위해서는 글쓰기에 관한 최소한의 이해가 필요하다. 글쓰기는 기능에 따라 '소통적transactional 글쓰기'와 '표현적expressive 글쓰기'로 나뉜다. 먼저 소통적 글쓰기는 타인과 소통하기 위한 글쓰기다. 설명과 요약, 설득을 목적으로 하며 이를 위해 논리와 형식, 사실fact 이 세 가지 요소가 중요하다. 이것은 문제해결을 위한 논리적이고 비판적인 글쓰기로도 이해할 수 있다. 주로 학교나 직장에서 필요로 하는 설명문, 보고서, 논설문 등이 대표적이다.

한편 표현적 글쓰기는 개인의 삶이나 경험에 대해 그 자신의 생각과 의견을 표현하는 글쓰기다. 사적인 성격을 띠며 형식에 국한될 필요 없이 자유롭게 서술한다. 일기, 편지, 에세이, 자서전 등이 여기에 해당한다. 상상력을 기반으로 한 허구적 이야기는 표현적 글쓰기 중 문학적 글쓰기에 해당한다. 이야기와 수사법이 중요한데, 시와 소설이 대표적이다.

일반적으로 사람들의 삶에서 글쓰기는 소통 기능과 자기표현 기능이 수시로 섞인다. 이를테면 SNS에 어떤 정보를 올리고 지인들과 그것을 나누고자 하는 것은 소통이 목적이다. 여기에서는 사실을 중심으로 한 설명이 중요하다. 그런데 이때 대부분 자기 생각과 의견(자기표현)을 함께 제시하는 경우가 많다. 정보 전달을 염두에 두었더라도 생각과 의견이 주를 이루면 '표현적 글쓰기'로 보면 된다.

소통적 글쓰기와 표현적 글쓰기의 예를 들어 보자. 다음의 예는 내가 실제 페이스북에 올린 글이다.

(가)

에버노트 앱의 강점은 간편하고 보기 편한 뉴스 스크랩 기능에 있다. 크롬의 클리얼리_{clearly} 앱과 같이 쓰면 광고가 제거된 깨끗한 뉴스를 스크랩할 수 있다. 프리미엄 서비스는 검색 기능이 강력하다. 첨부파일은 물론 PDF 파일의 글씨까지 검색된다.

(나)

기존에 쓰던 메모장 앱을 버리고 에버노트로 글을 옮기는 중이다. 집을 이사하는 것만큼 품이 많이 들지만 행복하다. 프리미엄 서비스를 결제하고도 외려 너무 싼 게 아닌가 하는 생각이 들 정도다. 이용자들의 입에서 고맙다는 말이 나오면, 이것은 이미 성공한 서비스가 아닐까?

(가)의 글은 소통적 기능의 글이다. 회사에서 많이 쓰는 스타일로 정보 전달을 위한 공적 의도가 강하다. 정보를 정확하게 전달하기 위해 근거를 가지고 명시적으로 표현했다.

한편 (나)의 글은 표현적 기능의 글이다. 회사에서 이런 식의 글을 쓸 일은 거의 없다. '내'가 드러나 있으며, 나의 감정과 느낌이 충분히 담겨 있다. 표현적 글쓰기는 삶의 여정에서 일어난 일에 대해 개인의 생각이나 느낌을 표현하는 글쓰기다. 유치원에 다니는 아이들의 일기에서 잘 관찰된다.

표현적 글쓰기의 필요성

"왜 글을 쓰느냐?"라는 질문에 소설가 김훈은 다음과 같이 답했다.

"나에게는 오직 나 자신을 표현하기 위한 목적이 있어요. 나 자신의 진실, 나의 사상과 고통과 기쁨과 내가 느끼는 아름다움과 추함, 내가 느끼는 악과 억압…. 그런 것들을 표현하고자 하는 목적이 있습니다."

실제로 우리는 모두 이러한 표현적 글쓰기를 이미 써본 경험이 있다. 바로 어렸을 때 쓴 일기가 그것이다. 나의 아이가 여덟 살 때 스케치북에 이런 글을 쓴 적이 있다.

제목: 슬프다

슬프다. 보드게임에서 져서. 엄만 1등, 난 꼴등. 슬프다.

그리고 울음 꾹 참고 "다시 할래요." 하면 "엄만 졸려서 못 해." 슬프다.

귀여운 어린아이의 슬픔이 읽는 사람에게 고스란히 전달되지 않는가? 누구에게나 이렇게 수시로 자신의 감정을 글로 표현하던 때가 있었다. 비단 일기뿐 아니라 편지든 짧은 문자든 SNS든 우리가 일상 속에서 의식해서 혹은 무의식적으로 쓰는 글은 일종의 '자기성찰을 위한 글쓰기'다. 자기 생각을 드러내는 글쓰기는 자아정체성 확립은 물론이고 긍정적 정서와도 밀접한 관련이 있다.

소통적 글쓰기는 어떤 문제를 해결하는 데 적합하고, 표현적 글쓰기는 정서 조절에 관여도가 높다. 중요한 건 '균형'이다. 기울어진 운동장에서 인간은 자유롭게 뛰어놀 수 없다. 영국의 언어교육학자 제임스 브리튼James Britton은 글쓰기 능력을 발달 측면에서 볼 때 표현적 글쓰기를 시작으로 소통적 글쓰기로 나아간다고 했다. 인간이 우선 습득하는 것이 가장 생존 본능에 가깝다. 자기 생각과 의견을 표현하는 것은 인간을 더욱 인간답게 만든다.

생각을 쓰며
나를 객관화한다

글을 쓰면 마음이 편안해진다고 말하는 사람들이 꽤 있다. SNS에 자신의 이야기를 자주 올리는 지인에게 물었다. "왜 글을 쓰시나요?" 그는 이렇게 답했다.

"일종의 치유 느낌이 있어요. 상념이 꼬리에 꼬리를 물며 내가 잊었던 기억과 추억이 재생되기도 해요. 그래서 내면이 더 풍요로워지는 느낌도 들고요."

이것이 표현적 글쓰기가 내포하고 있는 자기치유의 힘이다. 심리학에서는 표현적 글쓰기의 힘을 토대로 '글쓰기 치료' 혹은 '저널journal 치료'라는 분야를 발전시켜 왔다. 1980년대 이후로 이와 관련된 연구가 꾸준히 늘고 있는데, 주요 연구 결과는 다음과 같다.

- 감정적인 주제에 대한 글쓰기를 하고 난 후 즉시 사람들의 혈압과 심장박동수가 떨어지는 것이 입증되었다. 이는 스트레스 저하에 따른 반응이다. (Pennebaker, Hughes&O'Heeron, 1987)
- 감정적인 주제에 대한 글쓰기 이후 우울증을 포함한 일반적인 불안감이 몇 주 혹은 몇 달 안에 감소하는 경향을 보였다. (Lepore, 1997)
- 대학생활을 갓 시작하며 표현적 글쓰기를 한 학생들은 그 학기에 더 높은 점수를 받았다. (Lumley and Provenzano, 2003)
- 표현적 글쓰기에 참여한 사람들은 전반적인 삶의 질이 향상되었고 인지적 기능이 향상되었다. (Barclay&Skarlicki, 2009)

이처럼 자기를 표현하는 글쓰기는 정서 안정뿐만 아니라 신체 건강, 나아가 인생의 문제를 해결하는 데 도움을 준다는 사실이 밝혀졌다. 지난 30년간 이뤄진 연구 결과에 미루어 보면, 앞으로도 연구·조사를 통해 글쓰기의 효과는 더 많이 입증될 것으로 예상할 수 있다.

자기표현적 글쓰기의 힘

한국교원대학교 국어교육과 최숙기 교수는 표현적 글쓰기의 목적을 다음 세 가지로 분류했다.

- 자신의 '개인적인 경험'과 의사소통하고 탐색하기
- 어떤 대상에 대해 자신만의 '의견'을 떠올리기
- 세상에 대한 자기만의 '반응'을 표출하기

목적에는 기대가 있다. 목적을 달성했을 때 무언가 이루어지기를 바라면서 기다리는 과정이 내포되어 있는 것이다. 우리가 타인에게 나에 대해 표현하는 이유도 바로 기대 때문이다. 실제로 내가 경험한 표현적 글쓰기의 효과는 한둘이 아니다.

첫째, 자기 생각을 표현하면 자신을 객관화시키게 된다. 이것은 일상에서 흔치 않은 경험이다. 우리는 글을 쓸 때 누군가를 상정하고 글을 쓴다. 독자가 없는 글은 없다. 자기표현적 글쓰기에서 첫 번째 독자는 바로 나 자신이다. 자기 안에 있는 타자에게 말을 거는 것이다.

자기표현적 글쓰기는 자기 자신을 수면 위로 끌어올려 타자화시킨 후에 글을 쓰는 방법이다. 자신의 문제를 회피하던 자리에서 대면하는 자리로 그 위치가 바뀐다. 이 낯설어지는 경험에서 비로소 우리는 자기 문제를 객관적으로 볼 수 있게 된다. 이때 자기 자신과 거리감이 생기면서 그 공간만큼 비판적 사고가 작동해 어수선하게 꼬여 있던 생각들이 서서히 풀리게 된다.

둘째, 표현적 글쓰기는 자기 자신에 대한 서사다. 글을 쓰면서 우리는 스스로 아는 정보를 총동원한다. 우리는 쓸 재료가 필요해지면 가장 쉽게 찾을 수 있고 또 나와 가장 가까운 정보인 자신의 이야기를 꺼내게 된다. 말하자면 '나는 무엇을 했다' 혹은 '나는 무슨 생각을 했다'와 같은 식이다. 솔직해질수록 카타르시스가 일어난다. 이 과정이 일시적으로 힘들기는 해도 시간이 지나면 편안해진다. 나 역시 글을 쓰지 않았다면 어디에서든 나의 내밀한 과거를 털어놓을 일도 없었을 것이다. 누군가에게 내 얘기가 읽힌다는 전제가 있음에도 불구하고 꽤 솔직해질 수 있다는 것은 글쓰기가 가진 강력하고 독특한 힘이다.

글쓰기에는 말하기에 없는 힘이 있다. 말하기의 경우, 내 생각을 표현하면서 어려움에 부닥칠 때가 있다. 내 말을 듣고 있는 사람이 우호적인 반응을 보이지 않을 때 나의 감정은 두려움에 빠지고 말하고자 하는 바는 더 진전되지 않는다. 하지만 뚜렷한 청중이 없는 글쓰기는 이런 공포에서 훨씬 자유롭다. 속마음을 말로 풀기는 어려워도 글에서는 이상하게 술술 풀리는 경험을 하게 되는 것은 바로 이 때문이다.

셋째, 표현적 글쓰기는 이미 지나간 과거를 불러와 의미를 만들어 낸다. 자신의 과거와 현재를 적극적으로 연결하며, 인생의 좌표를 능동적으로 수정해나갈 수도 있다. 시간을 통시적으로 관리하는 습관은 삶을 더욱 진지하고 윤택하게 만들어준다.

이처럼 표현적 글쓰기는 다양한 효과와 더불어 시작해보는 것도 쉽기에 동기 부여에도 유리하다. 내가 보고 듣고 경험한 것과 나의 생각을 기록하는 시간만으로도 삶은 조금씩 바뀌기 시작한다. 이보다 더한 자기계발이 또 있을까?

글은 결국
나를 위해 쓰는 것이다

나는 《일생의 일》이라는 책을 집필하며, 스스로 어디까지 솔직해질 수 있는지 수시로 자문했다. 더러는 끝내 덮어두기도 했지만, 꽤 많은 부분을 책에서 솔직하게 털어놓았다. 왠지 그래야 할 것 같은 힘이 작용했다. 해석하기 힘든 어떤 힘이 나를 그렇게 끌고 갔다.

일본의 사상가 우치다 다쓰루는 다음과 같은 이야기를 한 적이 있다.

"글을 쓸 때 '무엇을 말하고 있는지는 잘 모르겠지만, 그것이 나를 향한 메시지라는 것은 알 수 있다'라는 현상이 우리 몸에서 종종 일어납니다."

글을 쓴다는 것은 어떤 대상을 향해 말하는 것이지만, 궁극적으로는 나 자신에게 말을 하는 행위다. 나 역시 책을 쓰면서 스스로 대면하지 못했던 과거의 나를 만났다. 이를테면 방송사 피디가 되기 전, 몇 개월 동안의 구직 경험은 가족이나 친구에게도 얘기하지 못하고 잊으려고 애썼던, 일명 나의 흑역사다.

언론사 준비를 포기하고 기웃거리기 시작한 데가 외국계 기업이었다. 이때 첫 좌절을 느꼈다. 열 곳에 지원을 하면 한두 군데 정도 서류에 붙었다. 눈을 돌렸던 대기업도 마찬가지였다. 탈락은 대부분 서류전형의 문턱에서 결정됐다.

유일하게 최종 면접까지 붙었던 건 모 기업 영업직이었다. 이곳은 100대 기업에 속하지만, 대졸자들은 중견기업으로 인식할 정도니 분명 인기 직장은 아니었다. 그때가 2001년 가을이었는데, 이때 난 나이 제한 앞에서 심각한 선택의 갈림길에 서 있었다. '내 인생의 포트폴리오를 모 기업에서 펼쳐야 할까?' 꽤 심각했던 고민은 예비소집일에 해결됐다. "안 가!"

이유는 한둘이 아니었다. 친구들에게 '남들과 똑같은 평범한 샐러리맨'으로 인식되는 게 가장 싫었다. 본사 위치가 서울 변두리에 있다는 것도 기분 나빴다. 화장실은 또 얼마나 지저분한지, 내 미래 또한 퀴퀴해질 것만 같았다.

당시 나는 이 글을 엄청나게 몰입하며 썼던 기억이 있다. 눈물은 흘리지 않지만, 이따금 울컥했다. 후회 다음엔 반성이 찾아왔다. 남은 속여도 자신을 속일 수는 없었다. 지금의 나는 내가 쌓은 경험의 총체다. 잘난 경험이든 못난 경험이든 모두 내가 걸어온 길이다.

이를테면 '나는 사실 최종 면접까지 간 언론사가 어디 어디 있었다'와 같은 유치한 자기 증명은 자존감만 깎아내릴 뿐이다. 이렇게 펜을 멈추게 만든 생각을 정리하고 나니 마음의 짐을 내려놓은 느낌이었고 그 후 더 많은 용기가 생겼다.

대학 시절 기자가 되기 위해 무려 8년의 시간 동안 그 길만 돌진한 건 나의 진실한 마음이 아니었다. 대입에 실패했다고 여긴 심리, 즉 열등감을 만회하기 위해 사회적으로 그럴듯한 타이틀이 나에게 필요했을 뿐이었다.
고백하자면 한둘이 아니다. 궁금한 게 있어도 선뜻 물어보지 못하는 습관은 학창 시절부터 직장생활까지 오랫동안 이어져왔다. 프로그램을 제작할 때 1순위 고려사항은 늘 좋아하는 아이템이 아니라 수상 가능성이었다.

나를 무장해제시킨 힘은 무엇이었을까? 글을 쓸 때는 몰랐다. 다른 사람들도 그런 감정을 경험하는지 알지 못했다. 왠지 거짓말을 하면 안될 것 같았고, 그래야 내 글이 읽힐 것 같았다.

사람들에게 글쓰기를 가르치는 소설가 이남희는 이렇게 말한다. "젊음의 에너지로 대충 얼버무린 상처는 무의식에 잠겨 있으면서, 알게 모르게 영향을 끼치다가 어떤 계기를 만나면 질문으로 터져 나온다. 살아가려면 우리는 그에 대한 답을 해야만 한다."

당시 나도 나의 흑역사에 대해 글을 쓰며 20년 전의 기억을 하나하나 불러냈다. '기억을 글 속으로 가져갈까 말까…' 모호하게 존재하는 경험과 기억들을 있는 그대로 드러낼지 말지 계속해서 고민했다. 솔직하게 드러내기로 한 것은 잘한 일이었다. 당장 감춘다고 해서 어느 한구석에 자리하고 있는 마음의 찌꺼기가 없어지는 것은 아니기 때문이다.

훌륭한 작가들은 '만약 글을 쓴다면 솔직함의 최대치까지 도전하라'고 조언한다. 글은 결국 자기 자신을 위한 것이기 때문이다. 유명한 일기 작가 아나이스 닌Anais Nin은 글을 쓰는 일에 관해 이렇게 말했다.

"글을 쓴다는 것은 자신을 송두리째 준다는 것을 뜻한다. 주기를 망설이며 글을 쓰는 것은 불가능하다. 가장 훌륭한 작가는 모든 것을 내주는 작가다. 작가는 어떤 형태로든 자신을 노출하는데, 그 위험을 감당해야만 한다."

글쓰기를 통해 자기치유를 경험하고 싶다면, 불편한 감정을 과감하게 드러내야 한다. 물론 자신의 치부를 누군가의 얼굴을 보며 말로 꺼내기는 쉽지 않다. 글로 쓸까 말까. 고민은 오래가지 않는다. '말까'의 힘이 훨씬 세다. 그것은 익숙한 성질, 즉 관성의 힘이다. 정지해 있는 물체를 움직이려면 최소한의 힘이 필요하다. 당신의 오래된 기억을 불러내는 일은 펜을 움직이게 하는 데 분명 도움이 된다.

지도 없이
떠나는 여행

나탈리 골드버그는 《뼛속까지 내려가서 써라》에서 한 가지 고백을 한다. '새로운 글을 쓸 때마다 예전에 내가 어떻게 글을 완성했었는지 의아해질 때가 한두 번이 아니다.' 나도 이제 이 느낌을 조금 알 것 같은데, 대가의 입을 통해 확인하니 큰 위로가 됐다.

이미 유명 작가가 됐고, 또 이전에 명작을 남긴 사람이라고 해서 앞으로도 계속 명작을 쓸 수 있을까? 골드버그는 '그렇지 않다'고 말한다. 또다시 명작을 써낼 확률이 높을 수도 있지만 지나친 기대는 독자의 소망일 뿐이다. 사람들의 기대를 뒤엎은 실제 사례는 수두룩하다. 그래서 그녀는 글쓰기를 가리켜 '지도 없이 떠나는 새로운 여행'이라고 했다. 이 말이야말로 그녀가 훌륭한 작가임을 입증하는 탁월한 비유가 아닐까? 글쓰기는 불편한 낯섦과 설레는 새로움의 절묘한 동행이다.

준비되지 않은 여행길에 나서다

내 평생에 딱 한 번, 아무런 준비 없이 즉흥적으로 여행을 떠난 적이 있다. 1박 2일의 짧은 여행이었지만, 그때의 기억은 한 달간의 긴 여행보다 더 촘촘하게 살아 있다. 당시만 해도 나는 여행가는 것을 마치 출장처럼 치밀하게 준비하는 성향이 있었다. 내 업인 방송 제작·관리에 길들여진 습관 때문이었다.

그때는 제작 업무에서 벗어나 편성 피디로 일하고 있을 때였다. 해외 연수의 기회가 있어 베를린에 열흘간 체류했다. 일정표를 보니 주말 이틀이 자유시간이었다. 우리 일행은 틈틈이 서로의 주말 계획을 주고받았다. 쇼핑을 하거나 주변 마을을 둘러보거나 숙소에 남아서 책을 읽어야겠다는 이야기들이 오갔다.

그중 한 사람이 함부르크에 다녀오겠다고 했다. 무슨 심리가 작동했는지 나도 덩달아 마음이 흔들렸다. 기차를 타고 지나오면서 보았던 체코의 마을이 떠올랐다. 체코를 생각하면 떠오르는 도시인 프라하는 카프카의 고향이기도 하면서 건축의 도시이기도 하다. 내 머릿속에 질문 하나가 던져졌다.

'지금이 아니면 언제 가볼 것인가?'

숙소 근처에 걸어갈 수 있는 기차역이 있다는 사실이 나에게 용기를 주었을까? 토요일 새벽, 그렇게 나는 숙소를 나섰다. 기차는 어렵지 않게 올라탔다. 그런데 다른 기차로 갈아탈 때가 되자 슬며시 겁이 났다. '이러다 국제 미아가 되는 거 아닐까?' 간신히 영어로 길은 물었지만 그들의 이야기를 제대로 이해하기는 힘들었다. 현지인들의 선행은 크게 도움이 되지 않았다. '지금 타고 있는 기차는 제대로 된 방향으로 가고 있을까?', '프라하에 묵을 숙소는 있을까?' 수많은 걱정이 설렘을 밀어내고 있었다.

'나는 지금 여행 중인가? 아니면 여행 준비 중인가?'

당시만 해도 나는 목적지에 도착하기 전까지의 과정은 여행이 아니라고 생각했다. 여행을 많이 다녀본 사람은 안다. 여행은 집 밖을 나서는 순간부터 시작이다.

프라하역에 내려 두리번거리다 한인 민박을 발견했다. 숙박비를 낸 후 손에 관광 지도 하나만 들고 무작정 걸었다. 동네가 그리 크지 않아서이기도 했지만, 그보다 대중교통을 이용할 용기가 나지 않았다. 그날 30킬로미터는 족히 걸었다. 카프카 생가에 들어가다 선글라스를 깨 먹기도 했고, 공중화장실이 유료인 줄 몰랐다가 말도 안 되는 실랑이도 벌였다.

지나고 나니 모두 추억이 됐지만, 추억 이상으로 느낀 것이 많았다. 프라하에서의 하루는 유럽 근대 역사의 힘을 온몸으로 느낀 여행이었다. 하루를 사흘처럼 보내며 혼자 있는 시간의 힘을 깨달은 여행이기도 했다. 만약 그때도 내가 글을 썼다면 지금처럼 '그 느낌이 정확히 뭐였더라?' 하고 머릿속 기억을 뒤적거리는 일은 훨씬 줄었을 것이다.

여행이 삶의 한 부분이 되자 이런 생각이 들었다. '여행은 왜 즐거울까?' 질문을 바꾸어봤다. '글쓰기는 왜 즐거울까?' 이유가 다르지 않다는 것을 알게 됐다. 글쓰기 역시 나를 다른 세계로 보내는 작업이 아닌가. 그 세계에서 마주하는 '나'는 일상에서 만나는 '나'와는 다른 사람이다.

물론 새로운 세계에서 전혀 다른 나를 만나는 즐거움 이면에는 스트레스도 있다. 여행의 낯선 여정에서 만날 수밖에 없는 크고 작은 문제를 해결해야만 하듯, 글을 쓰는 과정에서도 돌파해야 하는 상황이 꽤 많다. 그럼에도 쓰기를 멈추지 않는 사람들이 적지 않다. 그 이유는 글을 쓰고 나면 반드시 무언가를 얻기 때문이다. 어제와 달라진 나를 발견하는 것은 글을 쓰지 않는 일상에서는 얻기 힘든 짜릿한 경험이다. 이 경험이 나를 또 움직이게 하는 보이지 않는 힘이다.

솔직하게 써야
자기치유가 가능하다

2008년 11월, 서울 숭례문 앞 사무실에서 몇몇 사람이 모여 독서 토론 모임을 시작했다(지금 이 모임은 '숭례문학당'이라는 이름으로 많이 알려져 있다). 이곳에는 두 아이를 키우는 주부에서 직장인, 교수, 은퇴자까지 다양한 사람들이 모였다. 모임을 찾은 사람들 대부분이 '이대로 살아도 괜찮은가?'라는 고민을 갖고 있었다. 그중 초등학생 자녀를 둔 엄마가 꺼낸 이야기는 무척 진솔했다.

"과거를 회상해보면 내가 무엇을 하고 싶어 했는지 몰랐다. 나의 취향은 중요하지 않았으며 궁금하지도 않았다. 나 자신을 버리고 모든 것을 타인에게 맞추고는 이를 '배려'라는 이름으로 포장했다."

겉으론 행복해 보여도 상처가 많은 평범한 사람들이었다. 그들은 함께 책을 읽거나 영화를 보고 토론도 하고 산행을 다니면서 점차 자신의 속 깊은 이야기를 기록하는 글쓰기 공동체로 모임을 키워나갔다. 사람들은 한결같이 '읽기에서 쓰기로 넘어가는 순간, 삶이 극적으로 변하기 시작했다'고 증언하며 이렇게 말했다.

"글쓰기를 통해 진짜 나 자신과 마주할 수 있었다."

자신을 솔직하게 드러낸다는 것

자기 자신에 대한 글을 쓰다 보면 종종 과거로 여행을 떠나게 된다. 실제로 있었던 사실이고 내가 가장 잘 아는 이야기이기에 지나간 기억을 쉽게 찾게 되는 것이다. 그런데 희한하게도 과거로 돌아가면 영광의 얼굴보다 감추고 싶은 민낯을 더 자주 만나게 된다. 그래서 글을 솔직하게 쓴다는 것은 대단히 어려운 일이다. 어쩌다 내가 SNS에 올린 글을 나중에 다시 보면 얼굴이 화끈거릴 때가 종종 있다. 너무 솔직해서 그런 것이 아니라, 반대로 솔직하지 않은 모습 때문에 부끄러움을 느끼기 때문이다.

우치다 다쓰루는 《어떤 글이 살아남는가》에서 글쓰기의 제1원칙으로 '독자에 대한 사랑'을 꼽으며 이렇게 말했다.

"잘 쓰는 것도, 정확하게 쓰는 것도, 논리적으로 쓰는 것도, 때때로 '커피 타임' 같은 휴식을 끼워 넣는 것도, 독자가 기분 좋게 읽어주기를 바라기 때문입니다."

뻔한 말이지만 글을 쓴다는 것은 읽는 사람, 즉 독자를 전제로 한다. 그리고 독자를 사랑하려면 무엇보다 솔직해야 한다. 누군가가 읽는 것을 전제로 한 글쓰기에서는 솔직함의 범주에 대해 생각해볼 필요가 있다. 대화를 할 때 한없이 솔직하게 말한다고 해도 상대가 전부 흔쾌히 수용해줄 수 없는 것처럼 글쓰기도 마찬가지다. 예의를 갖추어야 하고, 읽는 사람에 대한 배려를 잊지 않는 것이 중요하다.

그럼에도 글은 솔직해야 그 힘이 강해진다. 특히 글쓰기의 치유 효과는 솔직하게 써야만 발휘된다. 단순히 뽐내기 위한 글쓰기는 자기 것이 아니라 노동 혹은 숙제일 뿐이다. 그런 글쓰기가 주는 즐거움은 오래가지도 않는다. 훗날 다시 읽어봐도 감흥이 전혀 오지 않는다.

글쓰기는 여행이다. 과거의 순간을 찾아가는 여행이자 미래에 대한 탐험이다. 두려움이 생길 수밖에 없는 미지에 대한 탐험과 같다. 그곳에서 어디를 가고 누구를 만날지는 알 수 없다. 글쓰기를 선택한 순간 자기 자신도 미처 기대하지 못한 세계로 들어가게 된다. 글의 시작부터 매듭까지 좀처럼 갈피를 잡지 못할 때도 많다. 분명한 것은 그 안에서 어제보다 조금 더 나아진 나를 발견하게 된다는 것이다. 만약 당신이 솔직하게 글을 써보겠다는 생각이 들었다면 여행 준비는 끝난 거다. 이제 길을 나서기만 하면 된다.

타인이
답해줄 수 없는 질문

모든 질문은 답을 유도한다. 내가 누군가에게 질문하는 순간 그 사람은 답을 내놓는다. 하다못해 '모른다'는 답이라도 말이다. 흡족할 만한 답을 원한다면 이를 얻을 때까지 질문을 멈추지 않아야 한다.

지식 정보에 대한 질문은 언젠가는 정답에 도달한다. 하지만 정답을 알 수 없는 질문이 있다. 이를테면 다음과 같은 질문들은 누구에게 묻고 누가 답해줄 수 있을까?

"좋은 직장은 내 삶의 행복에 어느 정도 기여할 수 있는가?"
"진로는 빨리 결정해서 그 길에만 매진하는 것이 좋은가?"

"조금 힘들어도 새로운 일을 할 것인가? 새롭진 않아도 조금 쉬운 일을 할 것인가?"

"껄끄러워도 웬만하면 자기 의견을 밝히는 것이 좋은가? 아니면 원만한 관계를 위해 감추는 것이 좋은가?"

"잘 산다는 것은 무엇인가?"

인생을 살면서 묻게 되는 이런 질문들에 학교 선생님이나 훌륭한 선배가 깔끔하게 답해줄 수 있을까? 물론 사람과 책으로부터 지혜를 얻을 수도 있다. 하지만 어느 정도 수준의 만족할 만한 해답을 얻을 수 있을까?

다른 하나의 예를 더 들어 보자. 진로와 관련된 오래된 질문이다.

"좋아하는 일을 하는 것이 좋은가? 잘하는 일을 하는 것이 좋은가?"

이 질문에 각계의 다양한 명사들도 상충하는 대답을 내놓기 일쑤다. 정답이 없는 질문의 속성이다. 다들 각자의 경험과 근거로 말하지만, 내가 선택하기 전까지 최선의 답은 보류된다. 무엇을 선택한다는 것은 기회비용을 수반한다. 내 인생의 선택에 따른 그 비용을 분담해 줄 타인이 어디에 있을까?

글쓰기는 질문을 생산한다

내가 던지는 질문의 시작과 끝(답을 얻기 전)에서 '나'를 빼놓을 수는 없다. 내 문제를 해결해야 할 주체는 결국 나여야만 한다. 질문의 중요성이 여기에 있고, 삶을 변화시키는 글쓰기의 힘도 이 지점에 닿아 있다.

질문한다는 것은 곧 스스로 문제를 해결하는 과정에 진입했다는 것을 의미한다. 그래서 질문을 하는 순간 원하는 답을 찾을 확률이 높아진다. 그러나 질문하는 능력은 쉽게 생기지 않는다. 좋은 질문은 꾸준한 훈련에서 나온다. 질문하기 위해서는 관점을 다르게 볼 수 있어야 하고 그러기 위해서는 다른 편에 서야 한다. 평소처럼 의심 없이 살면 아예 질문도 없다.

철학자 최진석 교수가 질문에 관해 인상 깊은 이야기를 들려준 적이 있다.

"질문은 개별화된 인격의 표출입니다. 우리we라고 하는 우리cage 안에 갇혀선 질문하는 힘을 갖지 못해요. 가만히 서 있던 사람이 싸움 동작을 취하기 위해선 몸을 돌려야 하듯이 질문을 하기 위해선 기울어져야 합니다."

즉 자신에게 낯선 상황을 돌파하기 위해서는 질문을 던져야 한다. 글쓰기의 강점은 계속해서 낯선 상황을 만든다는 데 있다. 이는 글을 쓰는 행위를 하면서 수시로 경험한다. 예를 들어 어떤 한 문장을 쓰면서 이것이 나의 생각인지 남의 생각인지 헷갈릴 때가 있다. 그럴 땐 질문을 비틀거나 더 깊게 파고들어가 물어봐야 한다. '내가 진짜 그렇게 생각하는 건가?' 과거에 있었던 일도 기억의 왜곡은 아닌지 충분히 살펴봐야 한다.

생각이 정리되어 그것을 글로 옮길 때도 질문은 끝나지 않는다. '거친 문장이지만 의미가 있는가.', '그래서 남길 것인가, 버릴 것인가.' 고민은 여기서 멈추지 않는다. 가장 어려운 것은 '진심'이다. '나는 어디까지 솔직해질 수 있는가.', '글을 쓸까 말까.' 이렇게 내 안의 두 자아가 치열하게 다툰다.

글쓰기는 '질문'하고 머릿속에서 '숙성'하고 '선택'하고 '표현'하는 행위다. 글을 쓰겠다고 마음먹은 순간, 실제 펜을 들어 종이 위에 쓰지 않아도 머릿속에서는 이미 글이 쓰인다. 복잡한 문제를 해결하기 위해 내가 가진 모든 자원을 끌고 오게 된다. '자기' 안에 묻혀 있던 희미한 과거까지도 불러낸다.

글을 쓰는 동안 감정은 수시로 롤러코스터를 탄다. 쾌감에서 난감으로, 다시 쾌감으로. 어떤 식으로든 표현해내지 못하는 무능을 탓하다가, 다시 오뚝이처럼 극복하고 일어나 결국 써낸다. 바로 그 시점이 내가 해낸 시점이다. 살면서 그러한 감정의 역동을 느낄 수 있는 일을 과연 무엇이 대체할 수 있을까?

다시 글쓰기의 시작으로 돌아가보자. 글쓰기는 질문에서 시작된다. 굳이 문제를 만들고 질문을 늘리는 이유는 그것이 내 삶을 흥분되게 하고 풍요롭게 만들기 때문이다. 굳이 지속적으로 글을 쓰는 이유는 내 인생의 문제를 해결하는 데 글쓰기가 도움이 될 거라는 믿음이 있기 때문이다.

'만약 글을 쓰지 않았다면?' 글을 쓰지 않았던 이전의 삶을, 혹은 글쓰기가 없는 삶을 생각해본다. 나는 과거의 수많은 기억을 호출할 수 있었을까? 그 많은 찰나의 경험에 의미를 부여할 수 있었을까? 그 많은 과거를 털어놓으며 현재의 나와 만나게 할 수 있었을까? 나는 지금보다 더 나은 사람이 될 수 있었을까? 나는 지금도 나에게 비슷한 질문을 던진다. 글쓰기는 분명 마법을 일으키는 일임이 틀림없다.

그때 쓰지 않으면
잡을 수 없는 것들

나는 아이가 태어난 이후로 쭉 육아 일기를 써오고 있다. 지금은 아이가 초등학교에 다니고 있으니 이 기록은 어언 10년이 되어 간다. 지나고 보니 대기록이 되었지만, 시작은 미미했다. 아이를 키우며 필요한 것들을 조금씩 적기 시작한 것이 그 계기가 됐다. 그래서 처음에는 그저 두서없는 메모였다. 그러다가 아이가 6개월이 됐을 즈음 본격적으로 발달의 변화를 기록하게 됐다. 그렇다고 해서 꼼꼼하게 쓰지는 않았다. 보통은 한두 줄, 길어도 다섯 줄을 넘기지 않았다. 그런 문장들이 쌓이게 되면서 분량만 보면 책 한 권이 나올 정도가 됐다. 그 노트를 보며 뿌듯함을 느끼는 것은 물론이다.

부모들은 아는 사실이지만 쑥쑥 커가는 아이는 그 자체로 감동을 준다. 어제든 오늘이든 딱히 차이가 없는 듯 보이지만, 아이는 불쑥 예고도 없이 어제와 다른 모습을 드러내 부모를 놀라게 한다.

9월 18일. 59개월. 한국 나이 6세

아이: 아빠, 번개타운이 뭐야?

나: 응, 번개맨이 사는 마을이야. 타운이 마을이거든.

아이: 아, 번개마을이라고 하는 게 좀 그래서 번개타운이라고 그런
    거구나.

나: 그렇지!('좀 그래서'? 갑자기 어떻게 이런 표현을 하지?)

아이: 근데 번개맨 손에서 번개는 진짜 나오는 거야?

나: (순간 고민, 아직 애구나.) 글쎄? (아니라고 말하고 싶지 않았다.)

이렇게 기록하지 않았다면 당시의 감동은 기억의 뒤안길로 사라졌을 것이다. 육아 일기의 가장 큰 가치는 글을 쓰면서 아이에 대한 애정이 더 깊어지는 데 있다. 한 줄 적는 만큼 아이의 발달에 더 많은 관심을 두게 된다. 언어발달 과정에서 점차 정교해지는 놀이 수준까지 아이의 변화를 포착해내는 나의 시선도 더욱 예리해진다.

'오늘은 또 얼마나 놀라운 일을 해낼까?' 이런 기대감을 흔히 느끼는 건 발달의 놀라운 광경을 자주 관찰했기 때문이다. 아이들은 자세

히 볼수록 대단한 존재라는 생각이 든다. 아이에 관한 생각은 종종 나의 문제로 확장된다. 우리가 모두 한때는 아이였다는 사실은 무엇을 의미하는가? 인간은 정말이지 경이로운 존재다.

살면서 무심하게 지나치는 아름다운 순간이 얼마나 많은가. 기록은 순간의 감동을 영원하게 만들어준다. 그리고 지금 함께 있는 이 시간을 더욱 가치 있게 만들어준다.

세상에 하나밖에 없는 기록

《내가 정말 좋아하는 농담》의 저자이자 카피라이터인 김하나 작가가 살면서 가장 많이 읽은 책은 《빅토리 노트》다. 이 책은 그녀가 다른 사람들에게 추천하는 책이 아니다. 판매되는 것이 아니기 때문이다. 이 특별한 책의 표지를 넘기면 그녀의 출생증이 붙어 있다. 《빅토리 노트》는 김하나 작가의 어머니가 딸을 낳은 뒤 꼬박 5년간 쓴 육아일기다.

그녀가 자신의 성장기록을 알게 된 것은 열아홉 살, 대학 입시에 실패했을 때다. 어머니는 딸의 스무 살 생일에 주려고 마음먹었던 일기장을 꺼냈다. 20년간 존재도 몰랐던, 세상에 단 하나밖에 없는 책을 선물로 받은 감동은 말로 다 표현할 수 없을 것이다. 그 이후로 어머니의 일기는 언제나 김하나 작가의 베개 옆을 지키고 있고, 지금도 그녀는 생일날 늘 그 노트를 꺼내 읽어본다고 한다.

나 역시 육아 일기를 쓰며 나만의 기대감에 설레기도 한다. '우리 아이는 이 일기를 언제쯤 볼까?' '이 일기를 보면 어떤 느낌이 들까?' '혹시 훗날 위인전의 기초가 되는 건 아닐까?' 모차르트에 대한 역사적 기록 중 가장 믿을 만한 부분은 아버지 레오폴트 모차르트의 육아 일기와 아버지와 아들이 주고받은 편지들이라는 사실처럼 말이다. 물론 이런 기대가 육아 일기를 끌고 가는 가장 큰 힘은 아니다. 내가 내 아이의 아버지라는 변함없는 사실, 그때가 아니면 잡을 수 없는 행복한 순간…. 그것이 먼 훗날 어떤 식으로든 아이에게 좋은 영향을 미친다면 이미 일기는 기록 자체로 충분한 의미가 있다.

육아 일기는 세상에서 가장 특수한 관계에 있는 한 사람에 대한 기록이다. 기록되는 사람과 기록하는 사람의 상호작용이 이처럼 끈끈하게 연결되기는 정말 힘들다. 과연 이 기록으로 받게 되는 더 큰 감동은 누구의 몫일까? 나는 기록하는 사람, 바로 부모라고 생각한다.

하루하루의 기록이
나를 성장하게 한다

《나를 위로하는 글쓰기》의 저자 셰퍼드 코미나스Sheppard Kominars 박사는 일기를 쓰면서 인생이 완전히 바뀌었다. 젊은 시절, 원인을 알 수 없는 편두통에 시달리던 박사는 통증클리닉 전문의로부터 생뚱맞은 제안을 받는다. "규칙적으로 일기를 써보세요." 코미나스 박사는 원인 모를 고통에서 벗어날 수만 있다면 무엇이라도 받아들일 준비가 되어 있었다. 하지만 이를 의사의 처방으로 받아들여야 하는가? 영 미심쩍었다. 그러자 의사가 말했다.

"당신이 쓰는 일기는 출판을 위한 게 아닙니다. 그것은 당신의 인생에서 무슨 일이 일어나고 있으며, 그것에 대해 당신이 어떻게 느끼고 생각하는지를 기록하는 것입니다. 그냥 마음속에 있는 단어들이 흘러나오는 대로 내버려두세요. 그게 전부입니다."

의사는 진통제 몇 알을 함께 주면서 2주 후에 다시 찾아오라고 했다. 의사가 말할 정도라면 뭔가 있을 거라 믿은 박사는 그날부터 당장 일기를 썼다. 하지만 일기장을 채운 단어들은 온통 통증과 관련된 부정어뿐이었고, 쓰면 쓸수록 기분은 나빠졌다.

그러던 어느 날 박사는 분노가 치밀어 올라 폭포처럼 글을 쏟아냈다. 왜 나에게 이런 일이 일어났는지부터 시작해서 가족과 친구들에 대한 원망도 빼놓지 않았다. 그러자 그에게 이상한 일이 벌어졌다. 속이 후련해지고 마음의 평안이 찾아왔다. 그 긴 글을 쓰는데 시간이 가는 줄도 몰랐다. 통증도 잊혀졌다. 마법 같은 일이었다.

그때부터 박사는 자그마치 50년 넘게 하루도 빼놓지 않고 일기를 쓰게 됐다. 시간이 흘러 박사는 일기 쓰기가 치유의 방법으로 의학적인 의미가 있다는 것을 알게 됐고, 글쓰기가 가진 치유의 힘에 대해 연구를 하기 시작했다. 그 후 코미나스 박사는 1956년, 워싱턴대학교를 시작으로 수많은 사람에게 글쓰기의 기쁨을 알리는 데 힘쓰고 있다.

나를 읽는 시간

'100세 철학자'로 유명한 김형석 교수는 지금까지 90여 권의 저술을 남겼다. 읽기와 쓰기는 그를 지치지 않고 건강한 삶으로 이끈 큰 비결 중 하나다. 그의 글쓰기의 시작은 일기였다. 그는 매일 같이 원고지 40장 분량의 긴 일기를 썼다.

"어렴풋이 생각했던 것도 글을 쓰면 또렷해집니다. 일기를 쓸 때 꼭 재작년과 작년의 오늘 날짜에 썼던 일기를 읽어보고 나서 씁니다. 그래야 제 생각이 후퇴하고 있지 않나 살펴볼 수 있기 때문입니다."

교육부 장관을 지내고 다중지능이론 전파에 앞장서온 문용린 교수는 일기 쓰기를 가리켜 '자기성찰지능을 효과적으로 높이는 가장 직접적인 방법'이라고 말한다. 일기는 단순한 기록을 넘어 사고를 단단하게 만드는 훈련이기 때문이다.

한편 러시아의 대문호 톨스토이는 '현재의 중요성'에 관해 이야기하며 다음과 같은 말을 남겼다.

"과거는 존재하지 않는다. 미래는 아직 오지 않았다. 현재는 존재하지 않는 과거와 다가올 미래가 만나는 시간 속의 무한한 작은 점이다. 시간이 없는 이 점에서 바로 인간의 진정한 삶이 존재한다."

톨스토이는 현재에 진정한 삶이 존재한다고 믿었다. 그에게 일기 쓰기는 바로 현재에 모든 정신력을 집중하기 위한 수련 과정이었다. 그가 스무 살을 앞두고 시작한 일기 쓰기는 그가 세계적 문호의 반열에 들어서는 디딤돌이 되기도 했다. 그렇게 여든두 살에 세상을 떠나기 전까지 그는 하루도 빠짐없이 일기를 썼다. 무려 63년, 장편 에세이라고 할 만한 그의 일기장은 각종 명언으로 가득하다. 그의 인간에 대한 통찰이 어디서 비롯됐는지 유추할 수 있는 부분이다.

마법이 일어나는 시간

안네 프랑크는 열세 살 생일에 아버지로부터 일기장을 선물 받고, 그 기쁨을 첫 일기의 마지막 줄에 이렇게 적었다.

"우리는 틀림없이 좋은 친구가 될 거야."

안네는 이 새로운 친구의 이름을 '키티'로 지었다. 태어나 처음 써 보는 일기에 들뜬 그녀는 마치 일기장과 대화를 나누듯 자신의 이야기를 솔직하게 글로 써 나아갔다. 부모님에 대한 소개, 자신이 태어난 곳, 심지어 언니의 성적표까지 그대로 담아 자신의 모든 것을 일기장에 털어놓았다. 유쾌한 성격 덕에 학교 친구들에게 인기도 많고 두루 잘 지내던 안네였지만 자신의 속내를 털어놓을 친구는 한 명도 없었다.

한 달 뒤, 키티는 안네의 '유일한' 친구가 됐다. 안네의 가족은 고국인 독일을 떠나 네덜란드로 왔는데, 이곳마저 나치에 점령되면서 모든 삶이 바뀐 것이다. 그녀의 가족은 강제 수용소에 끌려가지 않기 위해 아버지가 일했던 건물의 한 다락방에 숨어 지냈다. 하루에 두 번씩 울리는 공습경보와 머리 위를 지나다니는 폭격기의 엔진 소리에 잠을 설치는 날이 부지기수였다. 그런 일상에서 일기는 안네에게 한 줄기 빛이 되어주었다.

밖에 나가 자전거도 타고 싶고, 춤도 추고, 휘파람도 불고, 세상을 보고 싶어. 다른 아이들과 뛰어놀고 싶고, 자유라는 것도 느끼고 싶어.

_1943년 12월 24일

《안네의 일기》는 1942년 6월에서 1944년 8월까지, 안네의 가족이 머물던 은신처가 발각되기 전까지 실제 있었던 2년간의 기록이다. 일기장에는 죽음 앞에 선 공포와 아픔을 스스로 치유해가는 한 소녀의 성장이 고스란히 담겨 있다. 평범한 일상의 소중함과 미래에 대한 희망, 그리고 자기 자신에 대한 반성이 꾸밈없이 기록되어 있다. 《안네의 일기》는 65개국의 언어로 번역·출간되었고, 전 세계에서 가장 많이 읽힌 열 권의 책 중 하나로 꼽힌다.

한편 미국 작가 헨리 데이비드 소로의 《월든》은 그가 스무 살부터 17년간 써온 일기를 바탕으로 한 책이다. 소로는 원래 대학을 졸업하고 교사의 길을 걸었는데, 학생들에 대한 체벌을 거부한다는 이유로 학교와 갈등을 빚다가 2주일 만에 그만두었다. 그때부터 그는 일기를 쓰기 시작했고, 그 후로 쭉 일기는 그의 삶의 일부가 되었다. 실제로 그는 하루 중 가장 즐거운 시간으로 일기 쓰는 시간을 꼽았다.

이처럼 일기에 푹 빠져드는 이유는 무엇일까? 단지 있었던 일을 기록하는 것만으로도 우리는 무언가를 느끼고 성찰하게 된다. 이것은 기록하지 않은 상태로 생각을 정리하려고 할 때, 정리가 잘 안되는 것을 떠올리면 알 수 있다. 평소에는 무엇이 나에게 울림을 주는지, 그 이유에 대해 골똘히 생각할 일이 별로 없다. 그러나 글을 쓰고 남기면 익숙한 것도 새롭게 해석되는 경험을 하게 된다.

실용적 측면에서도 글쓰기 역량을 키우는 데 일기만큼 좋은 것도 없다. 일기의 가장 큰 장점은 가볍게 글을 쓸 수 있다는 것이다. 누구나 쉽게 시도할 수 있다. 그날 있던 일을 쓰는 것은 그냥 쉽게 솟아오르는 생각이며, 내면의 감독관으로부터 가장 자유로운 글쓰기다. 자주 쓰기 때문에 '반복'이라는 훈련의 기본 요소를 갖추고 있는 것도 큰 장점이다. 기본적으로 글쓰기는 말하기보다 이성적이며 시간을 가지고 침착하게 수행해야 하는 작업이다. 그런 작업을 매일매일 이어가다 보면 자연히 글을 쓰는 실력이 늘어날 수밖에 없다.

나의 삶보다 드라마틱한 문학은 없다. 그럼에도 우리의 삶을 그렇게 느끼지 못하는 것은 유명하지 않아 알려지지 않은 삶이라는 이유도 있지만, 더 큰 이유는 단지 기록하지 않았기 때문이다. 일기를 쓰는 동안 벌어지는 마법 같은 순간들이 내 삶을 더욱 특별하게 느껴지도록 만든다. 여러 면에서 일기가 가진 힘은 상상 이상이다.

'나'라는 사람은 누굴까?

1. '나는 감사하다'로 시작되는 글을 써보자.

나는 감사하다.

2. 아무에게도 말할 수 없었던 감추고 싶은 기억을 솔직하게 써보자.

3. 오늘 있었던 일을 편하게 써보자.

일단 오늘 한 줄 써봅시다

- 한 번의 글쓰기가 주는 용기
- 어떻게 쓸 것인가에 담긴 선택의 욕구
- 질문을 습관화한다
- 글쓰기를 이끄는 것은 질문이다
- 왜 쓰라고 하는가
- 하버드대 졸업생들이 글쓰기를 강조한 이유
- 지식을 버무리는 글쓰기의 힘
- 언어가 마음을 사로잡는다
- 글을 쓰면 왜 더 읽게 될까?
- 글쓰기 취미 만들기 프로젝트 3. 질문을 던지고 글을 써본다

제3장

쓰면 쓸수록
나의 세계는 커진다
:자기효능감의 힘

한 번의 글쓰기가
주는 용기

사람들을 움직이게 하는 힘은 무엇일까? 주변 사람들을 보면 주말마다 악기를 연습하거나 매일 아침 테니스를 치는 사람들이 있다. 단순취미 이상으로 그 일에 빠져든 사람들이다. 돈이 되는 것도 아닌데, 이런 행동을 하는 이유는 무엇일까? 특정 목적이 있는 경우가 아니라면 대개 "재미있어서."라고 답한다. 그렇다면 우리는 언제, 무엇을 할때 재밌다고 말하는 걸까?

《재미의 본질》을 쓴 김선진 교수는 사람들이 재미를 느끼는 상황의 영역이 매우 폭넓다고 말한다. 사람들은 대체로 호기심을 자극하는 것에 일단 '재밌다'는 반응을 보인다. 예를 들어 텔레비전에서 개

그 프로그램을 보거나(유머) 게임을 할 때(놀이), 웃긴 내용은 아니어도 서사가 흥미로울 때(이야기), 그리고 마음이 맞는 사람과 시간 가는 줄 모르고 대화할 때(소통) 재미를 느낀다. 특히 무언가를 알게 되거나 잘하게 될 때(배움)의 재미는 꽤 오래 지속된다.

사람들은 무언가를 잘하게 되는 '과정'에서 재미와 만족감을 느낀다. 그리고 더 큰 만족감을 얻기 위해 계속해서 도전한다. 한마디로 전보다 더 유능해지고자 하는 욕구는 인간을 설명할 때 빼놓을 수 없는 키워드다.

'할 수 있다'는 자기신뢰가 이끄는 힘

사회학습이론social learning theory을 주창한 교육심리학자 알버트 반두라Albert Bandura는 '자기효능감'self-efficacy이라는 개념을 제시했다. 자기효능감은 구체적인 상황에서 성공할 수 있다는 자신의 능력에 대한 믿음을 말한다. 이때 구체적인 상황이란 '쓰기' 효능감, '신체' 효능감, '말하기' 효능감 등으로 설명할 수 있다.

이 심리는 한 사람의 성공을 예측하는 강력한 요인이다. 만약 우리가 어떤 문제를 눈앞에 두고 '할 수 없다'라고 믿는다면 어떻게 될까? 당연히 문제해결에 뛰어들 확률이 낮아지고, 시도를 하더라도 문제를 풀어낼 확률은 무척 낮아진다. 저명한 교육자들이 '작은 성공의 경험'을 그토록 강조하는 배경에는 바로 자기효능감이 있다. 성공 경험이 누적된 사람은 자기효능감이 높아서 스스로 '할 수 있다'는 믿음이 크며 실제로 결과를 이뤄낼 확률도 높다. 만약 실수하거나 실패를 한다고 해도 금세 털어내고 다시 도전한다. 자신이 끝내 해낼 것이라는 믿음이 있기 때문이다.

반두라가 제시한 자기효능감은 자존감과 관련해 매우 탁월한 이론 체계를 제공했다. 자존감은 크게 '자신이 무엇을 해낼 것 같은 느낌'과 '타인으로부터 사랑받을 것 같은 느낌'이라는 두 개의 축으로 구성된다. 이 두 가지 중 능력에 대한 신뢰, 즉 효능감은 과거의 성공 경험을 기반으로 하며 개인의 성장을 이끄는 가장 중요한 심적 기제다. 효능감 뒤에는 일명 성취 호르몬이라고 하는 '도파민'dopamine이 있는데, 일반적으로 도파민은 자신이 기대하는 것이 이루어지리라고 예상할 때도 분비된다. 뇌가 성공 경험을 망각하지 않은 이상 우리가 소소한 괴로움 앞에 쉽게 무릎 꿇지 않게 되는 것이 바로 이 때문이다.

글쓰기도 마찬가지다. 쓰기 효능감 없이 지속해서 글을 쓰기란 쉽지 않은 일이다. 글쓰기를 하며 해결해야 할 문제가 한둘이 아니기 때문이다. 형식적 요건을 갖추어야 하는 것은 물론이고, 높은 수준의 정신적 활동도 역시 요구된다. 따라서 자신이 해낼 것이라는 믿음이 없으면 몇 줄도 채 쓰지 못하고 우리는 금세 지치게 된다.

글을 쓰면 수시로 장애물을 만난다. 머릿속에서 떠오르는 것은 많은데 '어디서부터 시작할 것인가?' 하는 질문에 먼저 답해야 한다. 일단 글을 쓰기 시작하더라도 두서 있게 쓰고 있는지, 맞는 말을 하고 있는지 매 순간 의심이 끊임없이 생긴다. 쓰다 보면 구성이 뒤죽박죽되면서 손을 놓고 싶어질 때도 종종 찾아온다. 실제로 많은 사람이 이런 이유에서 글을 쓰는 일을 시작조차 하지 못한다.

글을 쓰는 것을 두려워하는 사람에게 있었던 일에 관해 있는 그대로 적으며 자신의 생각과 의견을 표현하는 글쓰기(표현적 글쓰기)는 처음 글쓰기를 시작하기에 제격이다. 비교적 쉽게 써 내려갈 수 있기 때문이다. 한 번 글을 쓴 후 글을 쓰는 경험이 더 많이 이어질수록 쓰면서 느끼게 되는 좋은 기분에 대한 기대 심리도 높아진다. 그 심리가 계속 글을 쓰게 만든다. 이 과정에서 글쓰기 효능감이 생기게 된다. 어쨌든 썼기 때문이다.

글쓰기는 쓰기 효능감은 물론이고, 문제해결 능력과도 연결된다. 문제해결 능력이 좋아지는 것은 소통적 글쓰기의 가장 큰 강점이다. 표현적 글쓰기 역시 문제해결 능력에 직결된다. 글을 꾸준하게 쓰면 언어 활용 능력은 기본이고, 비판적 사고 능력과 의사소통 능력이 따라온다. 이는 비단 대학 입시나 취업에 한정되는 능력이 아니다. 삶의 여정에서 우리는 크고 작은 문제들을 맞닥뜨리게 되며, 이를 어쨌든 해결해나가야 하기 때문이다.

어떻게 쓸 것인가에 담긴 선택의 욕구

글쓰기는 선택의 연속이다. 주제, 문장 속 단어의 조합, 수많은 자료 중 주제에 부합하는 근거 등등 글을 구성하는 모든 요소를 선택해야 하며, 전체적으로 완성도 높은 글의 구성을 위해 이리저리 많은 편집 과정을 거친다. 이 모든 과정이 문제를 해결하기 위한 과정인데, 중요한 것은 글을 쓰는 사람들은 이러한 번거롭고 어려운 과정을 전혀 마다하지 않는다는 점이다.

거듭 이야기했듯 글을 쓴다는 것은 꽤 수고스러운 일이다. 책상에 앉아 펜을 드는 일도, 모바일 메모장을 열어 손가락으로 두드려 적는 일도 자세를 지속하기가 어렵고 몸이 편하지도 않다. 글을 쓰기 전에는 생각을 정리하기 위해 별도의 시간을 들여야 하고, 글을 쓰고 난 후에는 수정 작업이 끝이 없다. 때론 쓰고자 했던 바를 표현해내지 못한 거북함과도 마주해야 한다. 공들인 바에 비해 기대할 수 있는 물적 보상도 턱없다. 그럼에도 왜 글을 쓸까? 누군가 시킨 일도 아닌데, 보상이나 처벌이 있는 것도 아닌데, 해야 할 일도 바쁜데 우리는 왜 굳이 계속해서 글을 쓰는 걸까? 이런 궁금증을 유발하게 만드는, 인간이란 도대체 무엇인가?

자기결정성 이론으로 본 글쓰기 욕구

이 해답을 찾기 위해 심리학자들은 인간의 동기에 관해 연구해왔다. 그중 에이브러햄 매슬로Abraham Maslow의 《욕구 5단계 이론》은 현대 동기 이론의 효시로 꼽힌다. 심리학자 에드워드 데시Edward Deci는 매슬로의 이론을 발전시켜 《자기결정성 이론》을 탄생시킨다. 이 이론은 스스로 결정하는 것이 그 어떤 동기보다도 큰 힘을 발휘한다는 주장이 그 골자다. 주요 키워드는 '자율성', '유능성', '관계성' 이 세 가지 욕구로, 인간의 자발적 동기를 해석해주는 열쇠다.

주목할 것은 이 세 가지 욕구가 인간이라면 누구에게나 있다는 것이다. 이를테면 사람들은 흔히 이렇게 말한다. "나는 누가 시켜서 하는 걸 싫어하는 편이야."(자율성), "나는 하나에 꽂히면 한동안 몰입하는 성향이 있어."(유능성). 데시는 이를 인간의 보편 욕구라고 말한다.

태어날 때부터 가진 본능이라는 뜻이다. 선택하고자 하는 욕구, 나아가 스스로 결정하고자 하는 욕구는 인간이 거부할 수 없는 본능이다.

글쓰기를 이끄는 힘도 이러한 심리적 욕구에서 해석할 수 있다. 우리 주위에는 수고를 아끼지 않고 SNS에 좋은 글을 올리는 사람들이 많다. SNS의 글쓰기는 타인과 좋은 관계를 유지하기 위해(관계성) 자신을 표현하는 행위다(자율성). 이 욕구들은 서로 영향을 미치며 점차 나은 글쓰기를 하게 만들고(유능성), 글을 잘 쓰게 되는 성공 경험이 누적될수록 더욱 열심히 쓰게 된다(욕구 확대).

어떤 문제를 '내가' '해결'한다는 것은 자신의 능력에 대한 신념, 즉 자기효능감을 확인하는 일이다. 이는 자율성과 유능성이 협업한 결과다. "내가 해냈다."라는 이 감정은 일상에서 쉽게 얻어낼 수 없는 일인 만큼 쉽게 잊히지 않는다. 작은 성공을 경험한 사람은 자기효능감이 높아지게 된다. 그리고 더 큰 성공을 맛보기 위해 더 큰 도전을 선택하게 된다. 글쓰기 역시 마찬가지다. 한 번 경험한 맛은 손을 놓지 못하게 만든다. 내가 글쓰기를 추천하는 이유도 바로 이것이다. 자기효능감을 높이는 매개로써 글쓰기는 내적 동기가 되어주는 것은 물론 몰입 경험으로 나를 끌고 간다. 이 사이클이야말로 우리가 더 자주 글을 쓰게 되는 힘이다.

온갖 번거로움에도 불구하고 우리가 굳이 글을 쓰는 이유는 나 자신에게 이롭기 때문이다. 글을 쓰는 것은 생각을 붙잡아내고 구조화시키는 과정이다. 자기 생각을 글로 표현해냈다는 것은 이미 크고 작은 문제들을 해결했다는 증거다. 또한 성취감을 경험했다는 의미다. 성공 경험은 자기효능감을 높이는 강력한 엔진이다. 이것이 우리로 하여금 더 자주 글을 쓰게 만든다.

질문을
습관화한다

인간처럼 호기심이 많은 동물은 없다. 말문이 터질 때부터 질문은 끊이지 않는다. 아이가 어린이집을 다닐 무렵이면 하루에 100개가 넘는 질문을 던지기도 한다. 우리가 이렇게 끊임없이 질문하는 이유는 세상에 궁금한 것이 너무나도 많기 때문이다. 질문을 좋아하면 질문 능력도 좋아질 수밖에 없다. 실제로 인류의 역사는 끊임없이 무언가를 질문하고 탐구하는 여정이었다.

그러나 시간이 흐르면서 질문하는 능력의 개인차는 점점 벌어지게 된다. 그 차이가 심지어 인생의 차이를 만들어내기도 한다. 남이 가는 길만 가는 사람과 남이 가지 않은 길을 가는 사람의 차이는 무엇일까? 바로 질문의 수준에 그 답이 있다. 남이 가보지 않은 길을 가는 사람은 호기심이 남들보다 더 많다. 모르니까 알고 싶어 한다. 낯섦에 대한 두려움보다 새로움에 대한 호감이 훨씬 더 높다. 그래서 질문이 습관처럼 튀어나온다. 스스로 호기심의 나무를 흔들기 때문이다. 질문은 그 자체로 좋은 가설을 만들어낸다. 가설은 검증 욕구를 끌어내고 다양한 해결 방안을 찾게 만든다. 반면 남이 가본 길만 가는 사람은 상대적으로 호기심이 적다. 혹은 호기심이나 도전 정신이 억압되어 있다고 볼 수도 있다. 낯선 것에 대한 두려움이 그의 시선을 돌려 놓는다. 이런 성향의 사람들의 시선은 자기 자신보다 타인에게 더 많이 향한다. 질문이 적으니 내면에 흔들리는 것도 없다. 기존의 생각은 더욱 굳건해진다. 자연히 자신을 변화시키는 통찰이 있을 여유가 없다. 이처럼 질문은 자신의 삶을 바라보는 시선의 폭을 넓히고 삶을 더욱 윤택하게 만든다. 그 중심에 인간의 학습 욕구가 있다.

쓰기는 질문을 낳고 질문은 글을 낳는다

글쓰기가 문제해결에 이바지하는 방식은 '질문'에 있다. 질문이 많다는 것은 해결해야 할 문제가 많다는 뜻이며, 문제에 적극적으로 임하고 있다는 뜻이기도 하다.

글을 쓰는 순간, 해결해야 할 문제는 엄청나다. 문장 측면에서만 살펴봐도 그렇다. 글쓰기의 일차적 문제는 문장을 만드는 일이다. 단어를 선택하고 논리적으로 배열해야 한다. 그런데 이런 일이 익숙하지 않으면 기본적인 문장 완성도 어렵게 느껴진다. 반면 계속해서 글을 써온 사람의 마음속에선 이미 수없이 이런 질문을 하고 있다. '이 단어가 적당한가?', '어떻게 하면 더 자연스럽게 표현할까?' 마음에 들 때까지 시선을 좌우 왕복하며 글을 수정한다. 예를 들면 문장이 길어서 무슨 말인지 잘 모르겠다 싶을 때 일단 두 문장으로 끊어본다. 문장끼리 어색하다 싶으면 접속사도 넣어본다. 접속사가 너무 많다 싶으면 다시 제거해본다. 문장은 매끄러워졌는데 단어가 영 신통치 않다고 느껴지면 사전을 찾아본다. 그래도 부족하면 인터넷 검색을 해보고 좋은 용례를 참고한다.

문장을 매만지고 글을 다 채우고 나면 다시 질문이 시작된다. '문체는 어떤가?', '나는 지금 내 생각을 나의 목소리로 이야기하고 있는가?' 그렇지 않은 글은 두고두고 봐도 찜찜하다. 만약 글감을 빌려만 왔을 때에는 정작 '왜 쓰는가'에 대한 질문으로 돌아간다. 다시 수정이다. 이처럼 수없이 많은 질문과 결정의 과정을 거치면 글은 전보다 나아진다. 그러면서 글쓰기에 대한 두려움도 줄어든다. 다른 측면에서 글쓰기에 대한 효능감이 높아진다. '나는 글을 잘 못쓰는 사람'이라는 자기 평가는 점차 근거를 잃어간다.

'질문하는 능력이 중요한 세상'이라고 여기저기에서 목소리가 커지고 있다. 그러나 정작 '어떻게 질문해야 하는가?'에 대한 조언은 빈

곤하다. 그래서 나는 글쓰기를 추천한다. 쓰기는 문제해결의 과정이
며, 그 맨 앞에는 질문이 있다.

글쓰기를 이끄는 것은
질문이다

가장 처음 떠오른 생각만큼 글을 힘차게 밀고 나가게 하는 에너지는 없다. 손은 움직이지 않더라도 머릿속에서는 생각을 놓치지 않기 위해 분주하게 글을 써 내려간다. 아직 쓰이지 않은 글이 결국 내 손을 이끈다. 그러나 글자로 남지 않은 글은 금세 증발한다. 특히 처음 했던 생각 그대로 논리적으로 다시 전개하는 것은 무척 힘들다. 이와 관련한 나의 글쓰기의 실패 경험은 이루 다 열거할 수 없을 정도다.

이 문제를 해결하기 위해 나는 나름의 순서 매뉴얼을 만들었다. 일단은 한 문장, 두 문장 생각나는 대로 적는다. 어제오늘의 경험이든, 최근 뉴스에서 본 사건이든 떠오르는 것은 일단 다 쓴다. 이것은 일종의 자동 기술記述이기 때문에 그리 어려운 일이 아니다. 이처럼 글의 완결성에 대한 강박에서 벗어나면 언제라도 글을 써 나갈 수 있는 토대는 어느 정도 만들어진다. 이를 '늘어놓기' 단계라고 하자. 바로 첫 생각을 보존하고 생각의 종류를 살펴보는 단계다.

늘어놓기를 통해 떠오르는 생각을 확인했는데, 머릿속은 여전히 편치 않다. 써놓은 글들 사이에 연관성은 있으나 체계가 없어 논리적이지 않다. 그런 글은 써놓고 보면 횡설수설한 듯 보인다. 그래서 문장의 위치를 이리저리 옮기고 다듬는다. 이것이 늘어놓기의 다음 단계인 글의 자연스러움을 위한 '논리적 정리' 단계다.

다음은 '보편성 획득' 단계가 필요하다. 이때 필요한 질문은 '글에 설득력이 있는가?'다. 설득력이 있으려면 근거가 탄탄해야 한다. 이를 해결하기 위해 모든 자극에 눈과 귀를 적극적으로 열어야 한다. 그러다 보면 다른 사람이 쓴 글을 많이 읽게 되며, 평소에 사람들을 관찰하게 되고, 많이 듣고 수시로 기록하게 된다.

이제 다시 처음으로 돌아온다. 큰 시각으로 살펴본다. 바로 '조망하기' 단계다. 이 단계에서 던져야 할 질문이 글을 쓰는 과정 중 가장 중요하다. '나를 휘감은 첫 생각은 여전히 에너지를 잃지 않고 있는가?', '그 힘의 본질은 무엇인가?' 이를 '메시지'라고 한다. 글은 메시지가 있을 때 강한 생명력을 가진다. 만약 메시지가 없으면, 다시 처음으로 돌아가게 된다.

글쓰기는 이런 순환 과정을 통해 비로소 완성된다. 매 고비에 등장하는 질문이 있다. 만약 질문이 없으면 한 문장도 생기지 않을 것이다. 문제해결은 좋은 질문이 끌고 가는 과정이다. 글쓰기도 결국 질문이 이끈다.

늘어놓기→ 논리적 정리→ 보편성 획득→ 조망하기

다음은 위 네 가지 단계의 프로세스를 암묵적으로 따라서 쓴, 실제 내 블로그에 올린 글이다.

선택권이 많은 사람과 결정할 일이 많은 사람

선택권이 많은 사람은 부러움을 사기 쉽고

결정할 일이 많은 사람은 고독해지기 쉽다.

두 사람은 사실 한 사람.

한가할 것 같지만 실은 바쁘다.

바쁘지 않은 사람도 그렇다.

부러워 보이지만 가까이서 보면 역시 고독하다.

결정할 일이 없어 편하지만 선택권도 없어 무력감에 빠진다.

참 오묘하다.

두 개의 선택지가 온종일 머릿속을 맴돈다.

A냐, B냐.

지나가겠지만, 훗날 '그때'라 불리게 될 지금은 늘 머리가 아프다.

이 글은 내가 'EBS 육아학교 모바일 총괄 프로듀서'라는 묵직한 직책을 맡으며 느낀 권한과 책임의 딜레마에 관해 쓴 글이다. 글을 쓰려고 컴퓨터 모니터의 빈 화면을 마주한 처음 그 순간부터 바로 이런 주제가 잡힌 것은 아니다. 그저 '결정의 괴로움'을 표현하고 싶었다(첫 생각). 내 마음도 모르고 어떤 사람은 나의 직책이나 업무에서 부러운 면만 보는 것 같아, 결정이라는 행위의 이면에 관해 쓰고 싶었다(늘어놓기). 수차례의 수정을 통해 글은 매끄러워졌다(논리적 정리). 메시지를 염두에 두고 다시 고치는 과정에서 비로소 제목이 달렸다(조망하기). 최종적으로 블로그에 올려야겠다고 결정했다(보편성 획득을 위한 반응 살펴보기).

생각은 양적인 면에서 분명 글을 압도한다. 그 많은 생각을 그대로 글로 나타내기는 어려운 법이다. 반면 감당하기 어려울 정도로 너무 많은 생각이 한꺼번에 떠오를 때면 혼란스럽다. 종잡을 수 없는 거대한 숲에 갇혀 있다는 느낌이 들 때도 많다. 이런 난관을 헤쳐나갈 수 있는 가장 좋은 방법은 바로 '글쓰기'다. 일단 글을 쓰기 시작하면 나머지는 질문이 알아서 끌고 갈 것이다.

왜 쓰라고
하는가

미국의 전 대통령 버락 오바마는 2004년 민주당 전당대회 기조연설을 통해 일약 전국구 인물로 급부상했다. 대통령 선거에 나서면서 그는 중산층과 서민의 대변자로서의 자신의 소통 능력을 부각시켰다. "당신의 표를 얻지 못하더라도, 나는 당신의 목소리에 귀기울이겠다."는 그의 연설은 국민들의 마음속에 그가 서민의 고충을 충분히 이해할 만한 후보라는 믿음을 심어주었다.

그가 재선에 도전하는 선거일이 일주일 남았을 때의 일이다. 미국에 초강력 허리케인이 불어 닥쳤다. 오바마는 상대 후보에게 지지율이 쳐지고 있는 상황이었음에도, 모든 유세를 중단하고 재난지역을 찾아가 이렇게 말했다. "당신들을 위해 이곳에 왔고, 절대로 잊지 않을 겁니다. 여러분이 다시 일어설 때까지 모든 지원을 아끼지 않겠습니다." 그의 연설에 수많은 이재민이 위로 받았고, 결국 그는 재선에 성공한다. 대중의 마음을 움직이는 그의 뛰어난 말하기 기술은 전 세계의 젊은이들이 배우고 싶어 하는 능력으로도 자주 손꼽힌다.

대다수의 정치 비평가들은 오바마가 대통령이 되기까지 그를 키워낸 힘에 관해 이야기할 때 그의 화술과 글솜씨를 빼놓지 않는다. 그 기저에 일상적 글쓰기가 있었다. 그는 2012년 《타임》과의 인터뷰에서 이렇게 말했다.

"저는 지금도 노트에 뭔가를 기록하고 일기를 씁니다. 제 인생에서 글쓰기란 제가 믿는 것, 제가 보는 것, 그리고 제가 가치 있다고 여기는 것들을 보다 더 명확하게 하는 훈련입니다. 어지럽게 뒤엉킨 타래를 조리 있는 문장으로 풀어내는 과정에서 제 자신에게 더 어려운 질문을 던질 수도 있고요."

왜 대학은 지금 글쓰기를 강조하는가

2017년 2월 서울대학교는 자연과학대학 신입생 253명을 대상으로 글쓰기 능력을 평가했다. 그 결과 신입생의 약 40퍼센트가 70점 미만, 즉 '글쓰기 능력 부족'이라는 평가를 받았다. 심지어 그중에 25퍼센트는 글쓰기 정규 과목을 수강하기 힘든 수준인 것으로 드러났다.

학생들의 글에 대한 주된 지적사항은 '주제와 관련 없는 글을 쓴다'거나 '근거가 빈약하고 비문이 많다'는 것이었다. 당시 서울대 기초교육원장은 "신입생들이 고등학교를 졸업할 때까지 입시에 전념하는 시간이 절대적으로 많아, 자기 생각을 글로 표현하는 능력이 부족하다."라고 말했다. 그리하여 국내 최고의 지성 집단에 비상이 걸렸다. 신입생의 10퍼센트는 의무적으로 글쓰기 멘토링 수업을 받아야 했다. 그리고 2018년 2월, 서울대는 '글쓰기 지원센터'를 개소했다.

왜 대학은 지금 글쓰기를 강조하는 걸까? 이미 질문에 힌트가 있다. 경쟁력 이전에 배움의 핵심 도구가 글쓰기이기 때문이다. 글쓰기는 학업 이수와 관련이 깊다. 1970년대 후반에 인지심리학자들은 '생성효과'generation effect 라는 개념을 발견했다. 생성효과란 인간이 주어진 정보보다 자기가 직접 생성해낸 정보를 더 쉽게 기억한다는 효과이다.

심리학자들은 다수의 참가자를 두 그룹으로 나눈 후, 문단 하나를 보여주고 기억력 테스트를 실시했다. 먼저 첫 번째 그룹에는 몇 개의 단어에 붉은색으로 표시를 한 뒤 보여줬다. 두 번째 그룹에는 일부 단어들을 빈칸으로 두고 직접 채우도록 했다. 그리고 두 그룹의 참가자 모두에게 기억하는 단어를 적도록 했다. 참가자들은 붉은색으로 표시된 단어보다 직접 써넣은 단어를 더 많이 기억했다. 이러한 결과의 차이는 바로 '노력'에 있다. 쓰기는 읽기보다 더 많은 인지적 노력이 필요하다. 두뇌를 더 많이 쓸수록 지식이나 정보는 더 또렷하게 기억에

남는다. 쓰는 행위를 통해 기억력이 높아지는 것이다.

1996년 노벨 생리의학상을 받은 피터 도허티_{Peter Doherty} 교수는 '노 벨상을 받게 된 원동력이 무엇이냐'는 질문에 '독서와 글쓰기'라고 답 하며 이런 말을 덧붙였다. "과학을 연구하려면 글을 쓸 줄 알아야 합 니다. 글을 잘 쓰는 사람은 생각도 명확해서 연구를 더 잘하게 되니까 요." 도허티 교수는 글쓰기를 과학 연구 과정의 한 부분으로 보았다. 이것은 글쓰기와 사고력은 떼어놓을 수 없는 관계라는 의미다.

공부와 글쓰기의 관계에 대해 유시민 작가는 다음과 같은 말을 한 적이 있다.

"공부의 과정에서 글쓰기는 대단히 중요합니다. 그 수준을 올리고 싶다면 계속해서 그 단계에서 내가 느끼는 것, 내가 생각하는 것을 반 드시 문자로 표현해봐야 합니다. 그렇게 표현해봐야 그 어휘가 내 것 이 되고요. 뇌의 장기 기억 장치에 보관이 되고요. 쉽게 상실되지 않 고요. 다음에 출력해서 또 쓸 수 있고요. 거기서 발전시킬 수 있습니 다. 그래서 공부에는 반드시 글쓰기가 같이 가는 겁니다."

매사추세츠공과대학_{MIT}의 글쓰기 교육 시스템은 이미 세계적으로 정평이 나 있다. 이 대학은 '글쓰기와 커뮤니케이션 센터'를 운영하며 여기에 매년 200만 달러를 투자한다. 또한 하버드대학교의 1학년 학 생들은 글쓰기 강의를 의무적으로 들어야 하는데, 이는 100년이 넘은 전통이다. 이 대학은 1872년부터 글쓰기 프로그램을 운영하며 학생들에게 다양한 자원을 제공하고 있는데, 특히 2007년 스마트폰 출현 이후로는 학생들의 글쓰기 역량 저하를 염려해 지원을 더 강화하고 있다고 한다.

이렇듯 학습은 언어를 통해 이루어진다. 언어를 통해 지식을 습득하고 이렇게 축적된 지식은 다음 학습에 연쇄적 영향을 미친다. 읽기와 더불어 쓰기는 모든 학문 활동의 기초다.

당신은 상황을 해석하는 능력이 있는가

내가 〈언어발달의 수수께끼〉라는 다큐멘터리를 제작할 때의 일이다. 서울 소재 중학교 1학년 교실을 찾아가 학생들에게 두 장의 어색한 장면이 담긴 사진을 보여주었다. 한 장에는 축구 골대 앞에서 농구공을 들고 서 있는 남자가, 또 다른 한 장에는 농구 골대 앞에서 축구공을 들고 서 있는 남자가 있었다. 우리는 학생들에게 두 장의 사진이 어떤 상황을 나타내는 것으로 보이는지 물었다.

"축구장에 급하게 오는 바람에 공을 농구공으로 잘못 챙겨와서 어떻게 놀지 생각하는 중이에요."

"친구들과 축구 시합을 하려는데, 축구 골대 안에 농구공이 있어서 공의 주인을 찾아보았지만 결국 찾지 못해 걱정스러운 표정을 짓고 있어요."

"축구 선수가 축구장에서 프로필 촬영을 해야 하는데 농구장으로 잘못 찾아갔어요. 시간이 지체된 바람에 그냥 농구장에서 축구공을 들고 촬영하는 거예요."

학생들은 각자가 판단한 상황에 맞춰 짧은 글짓기를 완성했고, 이것을 토대로 우리는 전문가의 조언을 얻어, 학생들의 상황 해석 능력(5점 만점 기준)과 글 안에 사용한 어휘 수를 평가했다. 평가 결과, 평소 학업 성적이 우수한 학생들은 상황 해석 능력과 어휘 수 관련 항목에서 모두 높은 점수를 받았다. 조사에 참여한 학생들의 상황 해석 능력의 평균 점수는 2.81이었다. 이중에 평균 성적이 90점 이상인 학생들은 3.85라는 높은 점수를 기록했지만, 70점 이하인 학생들의 상황 해석 능력 점수는 1.28로, 평균보다도 더욱 떨어졌다.

학생들이 사용한 어휘 수 또한 평균 성적이 90점 이상인 학생들의 경우에는 150개, 70점 이하인 경우에는 105개를 기록했다. 이러한 결과에 대해 중앙대학교 교양학부 이유미 교수는 '언어가 학습의 배경지식이 되기 때문'이라고 그 이유를 설명하며 다음과 같이 말했다.

"같은 사물을 보더라도 사람마다 해석하는 방식이 다 다른데, 이것은 자신이 가지고 있는 배경지식을 얼마나, 또 어떻게 활용하느냐가 다르기 때문입니다. 보통 통찰력이 있는 사람들은 같은 사물을 보고도 다양한 정보를 활용해 상황을 판단하는 반면, 그렇지 않은 사람들은 텔레비전 화면을 보는 것과 같은 단순한 판단을 하지요. 그런데 이 배경지식에 있어 무엇보다 언어가 중요한 역할을 합니다."

20년간 하버드 글쓰기 프로그램을 이끌어온 낸시 소머스_{Nancy Som-}mers 교수는 "대학 지식인은 글쓰기로 완성된다."라고 강조했다. 그는 "강의를 듣고 시험을 잘 쳐서 좋은 성적으로 졸업할 수도 있겠지만, 그런 사람은 평생 관찰자 위치를 벗어날 수 없다."라고 설명했다. 대학에서 글쓰기 능력에 주목하는 이유는 언어를 매개로 한 인간의 전반적인 능력 신장과 관련이 높다. 바로 글쓰기가 가지고 있는 탁월한 문제해결 능력 속성 때문이다.

하버드대 졸업생들이
글쓰기를 강조한 이유

문제를 해결하는 과정에는 스트레스와 설렘, 흥분 그리고 좌절의 순간이 수시로 반복된다. 그리고 글을 쓰는 일이 또한 그렇다. 내 글이 나를 무기력하게 만들기도 하고 애간장을 태우기도 한다. 하지만 좌절과 성취를 느끼는 과정에서 감정은 단련되고 문제는 해결된다. 즉 글을 결국 써낼 수 있게 된다.

예를 들어 나는 전작 《부모라면 그들처럼》을 집필하며 다음과 같은 단계를 밟았다.

1. 문제 발생: 뛰어난 사람들이 나와 다른 점은 무엇일까?

2. 가설 수립: 그들의 부모는 남다른 교육법을 실천한 사람들일 것이다.

3. 자료 조사 및 연구: 평전 중심으로 조사 실시

4. 가설 붕괴: 자신의 부모에게 강한 반감을 드러내는 다수의 뛰어난 인물 발견(예. 카프카, 달리, 발자크…)

5. 새로운 가설 수립: 자식이 감사히 여기는 부모는 남다른 교육법을 실천한 사람들일 것이다.

6. 자료 조사 및 연구: 자서전 중심으로 조사 실시

7. 문제해결: 그들의 부모는 인간의 심리 욕구가 훼손되지 않도록 자식들을 도와주었다.

자료 조사를 한참 진행했는데, 처음 세운 가설이 무너지면 흔히 하는 말로 '멘붕' 상태에 빠진다. 그동안의 노력이 수포가 되는 것 같기 때문이다. 하지만 헛수고는 없다. 그 노력으로 '나의 가설이 틀렸다'라는 사실 하나는 확실하게 알게 된 것 아닌가. 또한, 그간의 독서와 조사에서 이미 적잖은 정보(지식)도 얻은 상태다. 그동안 나의 문제해결 능력은 한층 높아진 것이다.

《부모라면 그들처럼》은 자료 조사와 편집이 만든 책이라고 해도 과언이 아니다. '그들을 변화하게 만든 시작점은 어디였을까?' 이 질문에 대한 답을 찾기 위해 나는 위대한 인물들의 평전은 기본이고 인터뷰, 신문기사, 때론 그들이 직접 기고한 글까지 닥치는 대로 뒤적였다. 이런 무수한 자료 수집의 결과, 내가 원하는 어떤 패턴을 찾아낼 수 있었다.

지식뿐만 아니라 쉴 새 없이 바뀌는 내 생각도 선택과 편집의 대상이다. '그런 것 같다'와 '그렇다' 사이에는 긴 시간의 다리가 놓여 있다. 스스로 질문하고 가설을 수립하고 자료를 선별하고 수정할 때만이 비로소 내 생각을 '그렇다'고 자신 있게 표현할 수 있다. 이 과정은 학자의 연구 과정과 닮은 점이 많다. 바로 제대로 된 공부를 하는 과정인 것이다. 글을 쓰게 되면 내 생각과 다른 사람들의 생각을 입체적으로 비교·융합하면서 나만의 비판적 사고가 확장된다.

글쓰기를 통해 강해지는 두 가지 능력

문제해결 능력은 크게 비판적 사고 능력과 의사소통 능력으로 구분할 수 있다. 먼저 비판적 사고는 미국 학자인 로버트 에니스Robert Ennis의 정의가 널리 통용되고 있다. 그는 비판적 사고를 '믿음이나 행위를 결정하기 위해 하는 합리적이고 반성적 사고'라고 규정한다. 비판적 사고 능력이 부족하면 남이 하는 말, 특히 미디어에서 하는 말의 진실을 걸러낼 수 없다. 이를 개선하기 위해선 문제를 이해하고, 면밀히 따져보고, 의문을 제기하는 훈련이 필요하다. 이처럼 비판적 사고는 단순한 논리를 넘어서는 종합적 사고를 의미한다.

한편 자신의 의견으로 상대방을 설득하기 위해서는 이유와 근거를 제시해야 하는데 이를 '논거'라고 한다. 논거가 부실하면 설득력이 떨어진다. 그렇게 되면 의사소통에 성공할 수 없다. 이것이 기업에서 사람들이 원하는 인재상을 얘기할 때 비판적 사고 능력이 빠지지 않는 이유다. 이런 관점에서 글쓰기의 중요성은 더욱 도드라진다. 글쓰기는 단지 언어의 규칙을 이해하고 단어를 논리적으로 배치하는 과정에 그치는 일이 아니다. 글을 쓴다는 것은 비판적 사고를 거쳐 타인에게 자신을 표현하는 행위까지 의미한다.

하버드대학교의 리처드 라이트Richard Light 교수는 그의 저서 《하버드 수재 1,600명의 공부법》에서 글쓰기의 중요성을 강조하며, 로빈우드Robinwood 박사의 사례를 소개한다. 로빈우드 박사는 자신의 논문 작업을 위해 1977년 이후의 하버드대학교 졸업생을 대상으로 연구·조사를 진행했는데, 당시 질문 항목 중 하나가 "다음에 열거한 열두 가지 기술이 현재 당신이 하는 일에 얼마나 중요합니까?"였다. 이 질문에 졸업생의 90퍼센트 이상이 '글을 잘 쓰는 기술'을 가장 중요한 능력으로 답했다. 세상과 적극적으로 소통하기 위해 자신의 생각과 의견을 설득력 있게 표현할 줄 아는 능력이 성공의 핵심이라는 것이다. 현대경영학의 아버지 피터 드러커는 "인간에게 가장 중요한 능력은 자기표현 능력이며, 현대의 경영이나 관리는 커뮤니케이션으로 좌우된다."라고 말하기도 했다.

의사소통 능력을 높이기 위해서는 문제를 이해하고 분석하고 다시 질문하는 과정을 스스로 경험해야 한다. 그리고 소통할 수 있는 대상과 끊임없이 교류해야 한다. 이 점에 있어 한국의 대학 입시 방식에는 애석한 부분이 많다. 인간의 언어활동은 듣기에서 말하기, 읽기에서 쓰기 순으로 진행된다. 이에 비추어 보면 한국 교육의 교과과정 속에 말하기와 쓰기는 여전히 태부족이다.

특히 표현에 있어서 쓰기는 말하기보다 메시지를 훨씬 풍부하게 담을 수 있는 방식이다. 이를테면 자기소개를 말로 하게 되면 누구나 쉽게 드러낼 수 있는 객관적인 정보 중심으로 표현하게 된다. 반면 글로 자기소개를 하면 자연스럽게 생각이 깊어진다. 글을 쓰며 '나는 누구인가?', '나를 어떻게 표현할 것인가?'에 대한 질문을 던지게 되기 때문이다.

또한 쓰기는 말하기보다 메시지를 보다 더 압축적으로 전달할 수 있다. 표현을 하는 데 군더더기를 덜어낼 수 있기 때문이다. 고차원적 설득 요소도 더 많이 가지고 있다. 더 탄탄한 근거를 요구하기 때문이다. 이처럼 쓰기는 단순히 말하기의 다른 방식이 아니다. 고등교육에서 글쓰기 교육이 강화되어야 하는 이유가 여기에 있다.

다시 한번 글쓰기의 중요성을 정리하자면 비판적 사고 능력(주체성)과 의사소통 능력(사회성)이라고 말할 수 있다. 이를 다시 한마디로 정리하면 문제해결 능력이라고 할 수 있다. 이것은 모든 대학과 기업에서 추구하는 인재상의 요건이다. 인재 양성의 측면에서 글쓰기의 중요성은 '왜 쓰는가?'라는 질문과도 맞닿아 있다. 표현 욕구 중에 쓰기 욕구는 스스로 생각하고 배우고자 하는 욕구를 더욱 자극한다. 글을 쓰게 되면 우리는 끊임없이 질문하게 된다. 또한, 쓰기 욕구는 읽기 욕구를 자극한다. 이런 사고과정의 선순환에 있어 글쓰기를 대체할 도구는 아마 어디에도 없을 것이다.

지식을 버무리는
글쓰기의 힘

앤드루 보즈워스Andrew Bosworth는 하버드대학교에서 마크 저커버그에게 인공지능AI을 가르친 교수다. 그는 나중에 제자가 만든 페이스북의 엔지니어링 부문 이사를 맡았는데, 그가 한번은 인재 채용에 대해 이러한 의견을 피력한 적이 있다. "우리가 채용한 사람들은 앞으로 닥칠 것으로 예상되는 문제를 풀어낼 능력을 갖춘 이들입니다. 인재라면 문제에 적극적으로 뛰어들어 해결책을 만들어내고 성장할 준비를 해야 합니다."

이제 세상은 내가 하나만 열심히 파고드는 동안 금세 전혀 다른 모습으로 변해버린다. 과거에 요구됐던 세분화된 전문성은 예측 불허의 시대에 일어나는 새로운 변화에 둔감해지기 쉽다. 이제 우리는 어제의 정답이 순식간에 오답이 되는 시대에 살고 있다. 예측하기 힘든 시대에는 정답보다 상황에 맞는 다양한 현답이 중요하다. 전문성보다는 통섭 능력이 더 중요하다.

통섭은 지식의 '큰 줄기'(統·통)를 '잡아'(攝·섭) 진리에 도달하는 방법이다. 쉽게 말해 여러 분야의 이론을 묶어 통합적으로 사고하는 방식이다. 과학자로서 통섭의 힘을 널리 알리고 있는 최재천 교수의 비유를 빌려 말하자면, 최근 활발하게 이루어지고 있는 학제 간 '융합은 비빔밥이요, 통섭은 대표적인 발효음식인 김치'라고 할 수 있다. 이는 지식이 방대해지는 사회, 급변하는 사회에 대처하기 위한 선택이다.

빠르게 변하는 세상에서 어떻게 일할 것인가

산업의 변화는 필연적으로 직무 능력의 변화를 초래한다. 로봇이 대체되어 할 수 있는 단순한 일은 도태되고, 인간의 일은 점차 고도의 판단을 요구하는 일들이 될 것이다. 흥미와 자발성이 뒷받침되지 않는 근면함만으로는 그러한 복잡한 일을 해낼 수가 없다.

미래학자 다니엘 핑크Daniel Pink는 업무의 성격을 크게 두 가지로 분류한다. '연산적 유형'과 '발견적 유형'이다. 연산적 유형은 컴퓨터의 연산 프로세스를 따른다. 결론에 도달하기 위한 방법이 어느 정도 고

정되어 있고, 하청을 주기 쉬우며, 자동화의 위험성이 상존한다. 반면 발견적 유형은 매뉴얼이 없다. 여러 가능성을 실험해보고 실패를 수정하며 새로운 해결책을 만들어내야 한다. 지금 시대에 성장하고 있는 일자리는 대부분 발견적 업무다. 컴퓨터와 기계가 그 업무를 대체하기 힘들다. 회사에서 점차 자기주도적인 동기 의식을 갖춘 직원을 발굴하는 데 힘쓰는 이유도 그래서다. 이런 직원들에게는 관리·감독도 필요하지 않다.

일본에서 교육개혁 전문가로 이름을 날린 후지하라 가즈히로는 그의 저서 《책을 읽는 사람만이 손에 넣는 것》에서 21세기 사회가 요구하는 인재의 속성을 '퍼즐형 사고'와 '레고형 사고'로 나누어 설명한다. 먼저 퍼즐은 정답이 정해져 있다. 아무리 복잡한 퍼즐도 원래 돌아가야 할 길이 정해져 있다. 일본 사회는 퍼즐을 빨리 맞추는 사람을 길러내는 데 그동안 힘을 써왔다. 그러다 보니 사회는 모두 비슷한 사람으로 가득 채워지게 됐다. 정보 처리 속도는 빠르나 새로운 그림을 그릴 수 없다. 퍼즐형 인간의 한계다. 반면 레고는 새로운 모양을 무한대로 만들 수 있다. 집을 만들다가 생각이 바뀌면 기차역을 만들 수도 있다. 정보 처리 속도보다 편집 능력이 더 중요하다. 정보 편집 능력은 알고 있는 지식에 자기의 생각을 더해 사람들을 설득할 수 있는 답을 도출해내는 능력이다. 이는 글쓰기가 가지고 있는 가장 큰 강점 중 하나이기도 하다.

글쓰기는 편집 능력의 최종 지점이다

앞서 글쓰기에는 크게 표현적 글쓰기와 소통적 글쓰기가 있다고 설명했다. 표현적 글쓰기가 경험에 관한 생각과 의견을 담은 사적인 성격을 띤다면 소통적 글쓰기는 논리적이고 형식을 갖춘 공적 성격을 갖는다. 문제해결 전략으로서의 글쓰기는 주로 소통적 글쓰기를 의미한다. 소통적 글쓰기는 관련 자료를 수집하고 선택하고 표현하는 과정이다. 이 과정에서 가장 중요한 것은 바로 융합이다. 융합은 세상의 지식을 나의 관점에서 재해석해서 풀어내는 방식이다. 융합은 비판적 사고의 산물이다. '융합한다'는 것은 이미 있는 것을 합치는 행위다. 수많은 재료 중에서 나에게 맞는 재료를 골라 섞어야 한다. 선택 능력과 편집 능력이 중요하다.

지식생태학자라는 별명으로 불리는 유영만 교수는 책을 쓰는 과정을 가리켜 '다양한 정보를 편집하는 과정이자, 다른 분야의 지식과 다각적인 접목을 시도하면서 지식을 융합하는 과정'이라고 말한다. 또 편집 능력에 대해 이야기하는 책《에디톨로지》를 펴낸 김정운 교수는 이렇게 말한다. "이제 지식인은 정보를 많이 알고 있는 사람이 아니다. 검색하면 다 나오기 때문이다. 오늘날의 지식인은 정보와 정보의 관계를 잘 엮어내는 사람이다." 이 말은 편집이 곧 창조라는 의미다. 편집 능력을 기르는 데 있어 글쓰기는 단연 으뜸이다. 간편함에 있어 글쓰기의 효율성을 넘을 도구는 없다.

언어가
마음을 사로잡는다

블루오션Blue Ocean 전략의 주창자인 김위찬 교수는 좋은 전략의 세 가지 특성으로 포커스focus, 차별성 그리고 멋진 슬로건을 꼽는다. 한 가지 예를 들어 보자. 인텔은 '브랜드 속 브랜드' 전략, 즉 인브랜딩in-branding 전략을 통해 대성한 기업이다. 소비자가 아닌 기업을 대상으로 컴퓨터 프로세서를 팔던 회사가 최종 소비자에게 제품을 인식시킴으로써 시장 지배력까지 갖추게 되었다. 이때 그 유명한 '인텔 인사이드' Intel Inside라는 슬로건이 나왔다. 언어로 소비자의 인식을 사로잡은 것이다.

이런 사례는 마케팅 영역에서 무수히 많다. 오늘날 마케팅은 평소

없던 욕구까지도 자극해 끌어올리는 수준까지 도달했다. 바로 언어를 통해서 말이다. 크리에이티브 디렉터 박웅현의 광고는 종종 광고를 작품의 경지로 끌어올렸다는 평가를 받는다. '그녀의 자전거가 내 가슴속으로 들어왔다', '사람을 향합니다', '생각이 에너지다', '잘 자, 내 꿈 꿔!' 등등 그가 만든 광고의 힘은 슬로건에서 출발한다. 그는 글의 힘에 대해 다음과 같은 이야기를 했다.

"연애편지를 쓴다고 해봅시다. 편지 하나에는 '보고 싶습니다'라고 쓰여 있습니다. 그리고 다른 하나에는 '얼굴 하나야 손바닥 둘로 폭 가리지만 보고 싶은 맘 호수만 하니 눈 감을밖에…'라고 쓰여 있습니다. 누구의 손을 잡아주겠습니까? 광고를 만드는 창의력은 이런 겁니다. '보고 싶다는 말을 뭐라고 표현하면 좋을까?'에서 출발해서 정지용의 이 시와 같은 말을 찾아내는 겁니다."

이처럼 언어는 단지 의사소통의 수단만이 아니다. 치열한 경쟁에서 승기를 잡기 위해서도 쓰기 능력은 대단히 중요하다. 인간이 곧 언어이며, 언어가 인간의 생각과 마음을 지배하기 때문이다.

언어의 프레임

1920년대 뉴욕의 어느 한 거리에서 벌어진 일이다. 따뜻한 봄기운이 코끝을 간질이고 거리를 오가는 사람들의 옷차림이나 발걸음은 가벼웠다. 거리 한쪽 구석에서 한 남자가 구걸하고 있었다. 그의 목에는

"나는 장님입니다I am blind."라고 쓰인 팻말이 걸려 있었다. 그리고 그의 발치에는 동전을 받을 깡통이 놓여 있었다. 하지만 거리를 지나는 그 누구도 그에게 동정을 베풀지 않았다. 그저 빠른 걸음으로 걸인 앞을 스쳐갈 뿐이었다. 걸인 앞을 지나는 사람들의 옷자락이 차가운 바람을 일으켰다.

그때 한 신사가 걸인 앞에 멈춰 섰다. 그 남자는 걸인의 목에 걸려 있는 팻말을 빼더니 "나는 장님입니다." 대신 새로운 문구를 적어주었다. 그리곤 그 팻말을 다시 걸인의 목에 걸어주고 제 갈 길을 향했다. 그러자 이상한 일이 벌어졌다. 신사가 팻말의 문구를 쓰고 간 후 찬바람만 들락거리던 깡통에 동전이 채워지기 시작한 것이다. 걸인을 거들떠보지도 않던 뉴요커들이 팻말의 문구를 보더니 흔쾌히 적선을 하기 시작했다. 그 팻말의 글은 이렇게 바뀌어 있었다.

"봄은 곧 오는데, 저는 볼 수가 없답니다Spring is coming. But I can't see it."

이 이야기 속 신사는 프랑스 시인 앙드레 부르통Andre Breton이다. 부르통은 그저 걸인이 목에 걸고 있는 팻말 문구를 바꾸어주었을 뿐이다. 눈이 보이지 않는다는 사실은 같지만, 이것을 어떻게 표현하느냐에 따라 사람들의 반응이 달라진 것이다.

이 실제 사건에 대해 중앙대학교 국문학과 이찬규 교수는 이렇게 설명한다. "자신이 맹인이라는 것과 전혀 관계가 없는 봄이 온다는 사실, '봄은 곧 오는데 나는 볼 수가 없습니다'라는 간접 화법을 통해서 사람들에게 도와달라고 표현한 것입니다. 반면 '나는 맹인입니다. 나를 도와주십시오'는 굉장히 직접적인 화법입니다. 어떤 사람에게 직접적인 화법으로 설명하면 그것은 강요나 명령으로 여겨질 수 있지만, 간접적인 화법으로 설명하면 상대방이 자신의 입장에서 해석하게 됩니다. 즉 자기주도적인 행위를 불러올 수 있는 거죠."

맹인의 팻말에 숨어 있는 또 하나의 비밀은 바로 언어의 '초점화 현상'이다. 초점화 현상이란, 앞에 오는 정보에 따라서 뒤에 오는 정보가 영향을 받는 것을 가리킨다. 다음 두 개의 문장을 비교해보자.

1. 봄은 곧 오는데, 저는 볼 수가 없답니다.
2. 저는 볼 수가 없답니다. 봄은 곧 오는데 말이죠.

1번 문장은 '봄이 곧 온다'는 긍정적 이미지를 앞에 두었고, 2번 문장은 '나는 볼 수 없다'는 부정적 이미지를 앞에 두었다. 과연 어떤 말이 더 호감을 얻을까? 대다수의 사람이 '봄이 곧 온다'는 희망, 따뜻함, 새출발 등을 암시하는 표현에서 긍정적인 기분을 느낄 것이다.

반면 '나는 볼 수 없다'는 절망, 어두움, 암담함 등을 암시함으로써 부정적인 기분을 전달한다. 이렇게 부정적인 표현에 초점이 부여되면, 뒤에 따라오는 봄이라는 긍정적인 이미지가 제 역할을 하지 못하게 되면서 상대방을 설득하기 어려워지는 상황이 된다.

행동경제학자들은 이러한 언어의 힘을 수시로 활용한다. 시카고 대학교의 경제학과 교수 캐스 선스타인Cass Sunstein은 그의 저명한 저서 《넛지》Nudge에서 한 가지 실험을 소개한다. 이 실험에 참가한 대학생들에게 두 가지 질문이 던져졌는데, 먼저 "현재 얼마나 행복한가?"라는 질문이, 그 다음은 "데이트를 얼마나 자주하는가?"였다. 참가자들의 답변을 참고해 파악한 두 질문의 상관관계는 11퍼센트로 나타났다. 이번엔 질문의 순서를 바꾸어 물어봤다. 그러자 질문의 상관관계가 62퍼센트까지 높아졌다. 실험 대상인 학생들이 데이트를 한 경험에 비추어 자신의 행복을 판단한다는 사실이 드러난 것이다.

언어의 힘이 정말 놀랍지 않은가? 언어의 프레임을 알면 일상적인 언어가 힘을 발휘한다. 단어 혹은 순서만 바꿔도 한 사람의 사고방식이나 판단이 달라지기도 한다. 우리는 여기서 언어의 힘이 '읽기'보다 '쓰기'에서 더 크게 나온다는 사실에 주목할 필요가 있다. 읽는 생활에서 쓰는 생활로 전환될 때 우리 안의 잠재력도 함께 커지게 된다.

글을 쓰면
왜 더 읽게 될까?

사회생활을 하면서 마음 한구석에 늘 걸렸던 것 중 하나가 독서였다. 매해 연말이면 '바빠도 일주일에 한 권은 읽어야지!'라고 결심하고서는 한 해가 지난 후 살펴보면 목표치의 10퍼센트도 달성하지 못한 적이 부지기수다. 대학을 다닐 때는 연 독서량이 100권을 넘기도 했는데, 어쩌다 이 지경이 됐는지 참으로 개탄스러웠다.

직업이 교양프로그램 피디라서 책을 제법 읽기는 하지만, 업무와 무관한 책을 읽은 경험은 한 해에 손에 꼽을 정도였다. 그 이유는 늘 있었다. '새로운 프로그램을 맡게 돼서', '제작비 규모가 큰 다큐멘터리를 시작해서…' 결국 모든 핑계는 바빠서였다. 실천에서 멀어질수록 변명의 논리도 그럴듯해져갔다.

그러다 2014년, 그해에 내가 1년 동안 읽은 책이 66권이었다. 전년도와 비교하면 수치가 여섯 배나 뛰었다. 그 계기는 집에 차를 두고 지하철로 출퇴근을 하게 되어서였다. 처음에는 스마트폰을 만지작거리다가 어느 날 책을 꺼내 들었는데, 읽는 재미가 꽤 쏠쏠했다. 적당한 실내 소음을 깔고 서서 읽는 독서는 책에 집중하기에 그만이었다. 게다가 출근과 퇴근이라는 한시적 시간에서의 읽기는 묘한 도전 의식마저 고취했다. 심지어 하차할 시간이 가까워질 때는 '조금 더 가다가 되돌아올까?' 하고 생각할 때도 종종 있었다. 집에서 회사까지 지하철로 편도 30분, 왕복 1시간이었다. 이런 자투리 시간만으로도 일주일에 책 한 권을 읽을 수 있었다. 책을 다 읽었다는 성취감이 결코 적지 않았다.

책을 다 읽고 나면 관심은 새로운 주제로 왕성하게 연결됐다. 예를 들어 마크 트웨인의 평전을 읽다가 관심은 그의 소설로 튀었다. 어릴 때 읽은 《허클베리 핀의 모험》을 다시 읽으며, 이 책이 100년 넘게 사랑받는 이유에 대해 처음으로 생각해보기도 했다. 그러면서 한때 나는 고전 소설 읽기에 매진했다. 이런 경험을 하면서 나의 인생 계획에 '지하철을 타는 동안 책 읽기'를 집어넣었다.

필요가 욕구를 자극한다

나의 독서 욕구를 더 크게 키운 힘은 '글쓰기'였다. 당시 나는 어떤 한 매체에 '작은 성공 경험'에 관한 글을 연재하고 있었다. 글쓰기라는 요리를 위해서는 쓸 재료가 필요해진다. 그 재료를 어디서 채울 것인가? 가장 간편한 방법이 독서다.

내가 쓴 글에 따라붙는 사람들의 반응은 계속해서 또 다른 글을 쓰게 만든다. 쉽게 말하면 뽐내기 욕구요, 고급스럽게 말하면 인정 욕구다. 좋은 사례가 눈에 들어오면 그냥 지나칠 수가 없다. 내 글에 그 사례를 은근히 인용하고 싶어진다. 재료가 빵빵할수록 글도 탄탄해진다. 많이 쓰면 쓸수록 읽기가 폭발적으로 늘어난다. 하지만 인용한다고 해서 무조건 전부 끌고 오지는 않는다. 시행착오를 통해 다른 글을 그대로 담아내는 것은 감동이 없다는 것을 알게 되었기 때문이다. 책에서 읽은 내용이 나의 경험과 만나야만 독창적인 글이 탄생한다. 이때 느끼는 쾌감은 무엇과도 비교하기 어렵다.

이처럼 쓰기와 읽기는 밀접한 관계가 있다. 글을 잘 쓰려면 재료가 필요한데, 그 많은 재료를 개인 한 사람의 체험만으로는 채울 수 없다. 작가 강원국은 《대통령의 글쓰기》에서 '글쓰기의 시작은 자료 찾기'라며 그 이유를 이렇게 말했다. "자료가 글을 쓰는 두려움으로부터 나를 해방시키기 때문이다."

자료 조사에 있어 독서만큼 효율적인 콘텐츠는 없다. 나 역시 글을 쓰면서 더욱더 적극적인 독서를 하게 됐다. 쓰기는 필연적으로 읽기 욕구를 낳는다. 읽으면서 생각하고 쓰면서 또 생각하게 만든다. 이 순환계에서 생각이 양적으로 확장되고 질적으로 변화된다. 읽기와 쓰기처럼 상호 영향을 미치는 관계는 각각의 욕구를 더욱 자극한다. 좋은 책을 읽었을 땐 그 자체가 글쓰기의 스승이 된다. 책을 읽으며 '이 책의 매력은 어디에 있을까?' 하고 생각해본다. 반대로 책이 재미가 없다면 끝까지 읽지 않고 그냥 덮는다. 그럴 땐 비판이 따라온다. '이 책이 지루한 이유는 어디에 있는가?', '도대체 이런 책을 왜 냈는가?' 이런 혹평을 한다고 해서 그 시간이 값어치 없는 시간이 되는 것은 아니다. 타산지석이라는 말처럼, 다른 사람이 쓴 글만큼 훌륭한 스승이 없다. 이래저래 글쓰기는 나에게 최고의 인생 공부 방법이다.

질문을 던지고 글을 써본다

1. 지금 당장 나를 휘감은 첫 생각은 무엇인가? 그 생각을 쓰고, 이어서 글을 써 내려가보자.

2. 최근에 쓴 글(SNS 게시물, 문자, 이메일, 보고서, 독후감 등) 중에 다시 써보고 싶은 문장을 골라 고쳐보자.

3. 최근에 읽은 책 중에서 인상 깊었던 문장과 그 문장에 담긴 작가의 의도에 대해 질문을 던져보고 자신이 생각한 바를 써보자.

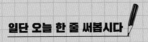
일단 오늘 한 줄 써봅시다

- 쓰지 않으면 인생을 바꿀 순간을 놓친다
- 글을 쓰면 연결된다
- 우연히 쓴 글이 운명을 뒤바꾼 순간들
- 튕구는 메모는 언제 잠에서 깨는가?
- 그들의 오늘도 한 번 쓰기에서 시작됐다
- 나도 글 좀 잘 쓰면 좋겠다
- 모든 삶이 글이 될 수 있기에
- 글쓰기 취미 만들기 프로젝트 4. 쓰기만 해도 새로운 가능성이 열린다

제4장

쓰면 쓸수록
삶이 달라진다
:가능성의 힘

쓰지 않으면
인생을 바꿀 순간을 놓친다

어느 날 회사 로비에서 지나가다 마주친 선배가 나에게 안부를 물었다.

선배: 잘 지내냐?

나: 잘 못 지내는데요.

선배: 왜?

나: 일이 좀 힘드네요.

선배: 인생이 걸린 문제야?

나: 그건 아니고요.

선배: 됐어, 그럼.

선배는 그렇게 말하고 가던 길을 갔다. '방금 무슨 일이 있었던 거지?' 나는 이 짧은 대화에서 묘한 위로를 받았다. '이런 게 인생의 경륜이라는 거구나….' 나는 그날 밤 선배와의 대화에서 받은 느낌을 복원해서 SNS에 글을 올렸다. 그리고 두 달 뒤, 《미생》으로 유명한 윤태호 작가를 만나게 되었다. 그와 이런저런 잡담이 오가는 와중에 그의 말 한마디가 내 귀에 꽂혔다.

"살면서 종종 사소한 문제를 스스로 크게 키우는 때도 있잖아요."

그 말은 마치 나에게 하는 말 같았다. 너무 놀라서 그 자리에서 바로 그의 말을 그대로 메모장에 옮겨 적었다. 앞서 이야기한 회사 선배와 윤태호 작가의 짧은 말은 정확히 같은 메시지를 전하고 있었다. '걱정한다고 나아지는 것은 없다.' 기록해둔 대화를 곱씹어보니 생각의 전환이 일어났다. 두 사람에게 무척 감사했다.

소설가 아나이스 닌은 "우리는 글을 쓰면서 인생을 두 번 맛본다. 쓰는 순간에 한 번, 추억하면서 한 번."이라고 말했다. 그녀의 말처럼 내가 짧게라도 그 순간에 글을 적어두지 않았다면 다시 언제 이 찰나의 생각을 정리할 수 있었을까? 자신에게 있었던 일을 기록하는 것, 이것은 나만이 알 수 있는 성찰의 재료들이다.

글쓰기가 이끈 새로운 변화

전자회사에 다니는 신정철 씨는 업무 외에는 좀처럼 무언가를 기록하는 사람이 아니었다. 그러다 어느 날 우연히 노트 쓰기를 시작했고 그렇게 2년의 세월이 흘렀다. 그사이 세 권의 노트가 쌓였고, 그는 문득 자신이 어떤 것들을 적었는지 궁금해졌다. 노트 한 권 한 권, 모든 페이지를 일일이 읽어보고 메모별로 색인을 붙여 인터넷 메모장에 그것을 옮겨 적었다. 그리고 메모를 작성한 날짜, 주제, 키워드, 중요도를 정리해 통계를 내보았다. 결과를 보니 책을 읽고 나서 정리한 메모가 가장 많았고, 그다음으로는 자기 생각을 정리한 글이 많았다.

이를 통해 그는 노트 쓰기를 하면서 자신에게 어떤 변화가 생겼는지 깨닫게 되었다. 책에 밑줄을 그은 부분을 노트에 옮겨 적으면서 책을 쓴 저자와의 거리가 더 가까워졌다. 그러자 자신이 쓰고 싶은 주제가 생겨났다. '노트를 쓰면 무엇이 좋은가.' 써놓은 글이 새로운 생각의 자산이 되었다. 그래서 그는 자신이 노트를 쓰면서 생긴 변화와 느낀 점을 《메모 습관의 힘》이라는 책으로 담아 펴냈다. 그렇게 그는 정보의 소비자에서 생산자로 바뀌게 되었다. 신정철 씨는 "2년 동안 노트를 쓰면서 다시 태어났다."라고 말한다.

한국화 아티스트 신은미 작가는 틈틈이 지역 언론사에 칼럼을 연재한다. 그녀의 칼럼 주제는 그림에 한정하지 않고, 예술가의 시선으로 본 일상도 함께 담담히 글로 풀어놓는데 그러는 사이 그녀는 고정 팬도 꽤 확보했다. 그러나 그녀가 쉽게 글을 쓰기 시작한 것은 아니었다.

본격적으로 글을 쓰기 전까지만 해도 그녀는 글쓰기에 대한 콤플

렉스가 많았다고 한다. 그녀는 자신이 글을 못 쓴다고 생각해 SNS에 두 문장 이상의 글을 올리지 않았다. 그런 그녀가 장문의 글을 쓰게 된 것은 여행 때문이었다. 긴 시간을 걸으며 보고 듣고 느낀 것을 간직하고 싶어 그녀는 기록을 하기 시작했다.

어느 날 그녀의 지인이 그녀가 SNS에 올린 짧은 글을 보고, 글이 너무 고와서 저장해놓고 틈틈이 본다는 얘기를 해주었다. 그 말을 듣고 그녀는 '으레 하는 말이겠지'라고 생각했다가 지인의 진심을 알게 됐고, 그 뒤로도 점차 다른 많은 사람이 자신의 글에 반응한다는 사실을 피부로 느끼게 되었다. 읽는 사람들의 반응은 그녀의 글쓰기 욕구를 키우게 되었고 그 뒤로 본격적으로 그녀는 글을 쓰게 됐다. 그러면서 그녀는 그림과 글이 본질적으로 다르지 않다는 깨달음을 얻었다고 한다.

"나를 온전히 담아낸 글은 흡사 몇 달 동안 공들여 그린 작품만큼이나 나를 충만하게 해줍니다. 그리고 사람들도 반드시 나의 진심에 반응하고요."

신은미 작가와 같은 사례는 의외로 우리 주변에 많다. MBC 스포츠 채널의 복싱 해설위원이었던 한보영 씨는 글쓰기가 치매 예방에 도움이 된다는 어느 전문의의 글을 읽고 글을 쓰기 시작했다. 그때 그의 나이는 팔순이었다. 딱히 아픈 곳은 없었지만 건강 관리의 중요성을 절감하고 있던 때에 글을 쓰라는 전문가의 조언은 꽤 신선한 충격으로 다가왔다. 사실 그는 해설위원으로 활동하기 전까지 스포츠 신문 기자였기에 무언가를 쓰는 일은 그에게 낯설지 않은 일이었다.

'소설을 써보면 어떨까?'

그리고 1년 동안 글을 썼다 지웠다 무수히 반복한 결과, 그는 2017년 《월간 조선문학》에 단편 〈너와 나의 끈〉으로 당선되어 등단을 했다. 이어 《부나비의 꿈》이라는 단편소설을 써내며 소설가의 대열에 당당히 합류했다.

현재의 점이 미래에 어떻게 연결될지는 누구도 예측할 수 없다. 때론 별일이 생기지 않을 수도 있다. 하지만 별일이 생기기 위해선 부인할 수 없는 진실이 하나 있다. 시작에는 언제나 '일단 한번 해본다'라는 작은 점이 있었다는 사실이다.

글을 쓰면
연결된다

2012년 영화 〈점박이: 한반도의 공룡〉은 어린이들을 공룡의 세계에 빠져들게 하며 한국 애니메이션으로는 드물게 100만 관객을 동원했다. 그리고 2018년, 이 이야기는 한반도에서 아시아 전역으로 무대를 넓혀 2탄 〈점박이 한반도의 공룡 2: 새로운 낙원〉으로 찾아왔다. 그래픽 기술력은 세계적 수준으로 업그레이드되었고, 이야기 역시 한층 더 탄탄해졌다. 영화 한 편이 히트를 치면 으레 속편이 제작된다. 그런 관행에 비추어 보면 2편의 등장은 자연스럽다. 1편 이전에 공전의 성공을 거둔 동명의 다큐멘터리가 있었다는 사실을 상기하면 모든 흐름은 완벽하다.

하지만 이 과정을 가까이서 본 나에게 2편의 탄생은 마치 드라마 같은 이야기다. 이 영화를 만든 한상호 감독은 EBS의 스타 피디이자 나에게는 둘도 없는 선배다. 그래서 이 영화의 속사정을 잘 알고 있다. 영화 팬들의 예측과 다르게 1편의 성공은 2편을 약속하지 않았다. 영화 제작은 생각보다 많은 사람들의 이해관계가 얽혀 있다. 감독의 가까운 지인 중에 2편을 예상한 사람은 별로 없었을 것이다. 적어도 1편의 상영이 끝난 후 초기 몇 년은 그랬다. 감독의 말을 들어보자.

1편은 수많은 고난 끝에 살아남은 점박이와 막내아들이 해변을 걸어가는 장면으로 끝난다. 1편 영화 제작이 끝나가던 2011년 말 즈음 나는 편집을 하며 그 장면을 보다가 문득 그런 생각이 떠올랐다. 그들의 앞에는 완전히 낯선 새로운 세상이 펼쳐져 있다. 그 속으로 걸어가는 그 둘의 뒷모습이 왠지 짠해 보였다. '점박이와 막내아들, 이 둘은 새로운 세상에서 어떻게 살아가게 될까?' 생각난 것을 바로 A4 종이 네 페이지 분량의 간단한 스토리로 써보았다. 그게 〈점박이 한반도의 공룡 2〉가 될 줄은 그때의 나 자신도 몰랐다.

한상호 감독은 2편의 제작 계획과 무관하게 계속 이야기를 써 내려갔다. 그 시간은 그냥 흘러가지 않았다. 2편의 이야기도 결국 한상호 감독이 만들어냈다. 작가라는 역할 역시 그가 예상했던 일이 아니었다.

점의 연결

스티브 잡스는 2005년에 스탠퍼드대학교의 졸업식 축사에서 '점의 연결'을 설명했다. 그것은 '지금은 예측할 수 없지만 모든 점(경험)은 미래와 연결된다'는 인생의 지혜에 관한 이야기였다. 이를 위해 그는 자신의 청년기 시절 이야기를 들려주었다. 그가 대학 중퇴 후 청강했던 서체 강의가 10년 뒤에 아름다운 글자체를 가진 매킨토시 컴퓨터를 만드는 데 큰 도움이 되었다는 것이 그 이야기의 요지였다. 이는 '지구상 어딘가에서 일어난 조그만 변화가 예측할 수 없는 날씨의 원인이 된다'는 나비효과 이론을 인간관계의 우연과 인간의 성장 측면에서 바라본 이야기였다.

점의 연결이라는 프레임을 통해 한 인물의 성장을 추적해보면 여러 개의 '점'이 보인다. 그리고 서로 의미 없어 보이던 '점'들이 어느 순간 우연히 '연결'된다는 것을 알 수 있다. 스티브 잡스와 같은 저명인사들이 곧잘 자신의 성공을 운으로 돌리는 이유가 바로 여기에 있다.

내 전작 중 하나인 《나는 고작 한번 해봤을 뿐이다》는 '작은 성공의 경험과 중요성'에 관해 쓴 책이다. 이 책은 내가 블로그에 올린 글의 주제를 키워서 엮어내게 됐다. 블로그에 올린 첫 포스팅의 제목은 '나는 고작 15분 걸었을 뿐이다'였고, 이 글의 단초는 페이스북에 포스팅한 다음의 짧은 글이었다.

2014년 1월 2일. 첫 실천.

한 정거장 일찍 내리기.

뇌가 뛰고 위장의 역동이 느껴진다.

대중교통을 타고 출퇴근하면서 지하철역을 오가는 15분 동안 걸으면서 받은 느낌을 페이스북에 간단히 쓴 글이었다. 당시만 해도 정말 별생각 없이 이 글을 썼다. SNS에서의 글쓰기는 대개 이런 식이다. 크게 고민하지 않고 쓴다. 쓰기도 쉽고, 못 쓴다고 누군가의 눈치를 볼 필요도 없다. 문장을 다듬는다고 한들 그다지 수고로운 일도 아니다. 당시 내가 걷기에 대한 단상을 적으면서 그 글이 '작은 성공 경험'이라는 큰 주제로 확장될 수 있다는 것은 전혀 예측하지 못한 일이었다. 사실 이것은 특별할 것이 없는 소재와 글이다. 걷기가 좋은 운동이라는 것을 모르는 사람은 없으니 말이다. 다만 나는 처음으로 걷기의 힘을 제대로 경험했고, 그 경험을 놓치지 않고 짧게 기록해둔 것뿐이었다.

이렇듯 서로 아무 관련 없던 일들이 연결되면 왕성하게 영향을 주고받으며 창조적으로 변하게 된다. 이를 더 체계적으로 조직화시킨 것이 바로 글쓰기다. 글을 쓰기 전까지 나는 걷기를 운동 이상으로 생각해본 적이 없었다. 그런데 걷기에 대해 쓰고 확인할수록 질문이 늘어났다. 나에게 찾아온 출간의 기회는 어디서 연유하는 걸까?

내게 블로그에 글을 쓸 것을 제안한 것은 〈허핑턴포스트〉의 에디터였다. 그가 만약 제안하지 않았고 내가 제안을 받지 않았으면 아마 아무 일도 일어나지 않았을 것이다. 처음엔 이것이 점의 시작이라고 생각했었다. 하지만 글을 쓰며 내가 완전히 잊고 있던 기억이 떠올랐다. 블로그에 처음 글을 쓴 시점으로부터 2년 전, 페이스북 메신저로 어떤 이에게 연락이 왔다. 그는 내게 내가 오늘 올린 글을 〈ㅍㅍㅅㅅ〉라는 온라인 매체에 올려도 되겠냐고 물었고, 난 흔쾌히 동의했다. 그 뒤 정말 내 글은 약간의 윤색을 거쳐 사이트에 올라갔다. 잠깐 연재해볼 궁리를 했으나 포기했다. 하지만 뭔가 글을 지속해서 쓰고 싶다는 생각은 그때부터 꿈틀거린 것 같다. 이것은 글을 쓰면서 불러낸 기억이다.

글이 누적되면서 그 시작에 작은 실천이 있다는 것을 알게 됐다. 우습게도 글쓰기의 시작은 메모였다. '기회에 있어 완전한 우연이란 없다'라는 깨달음은 나를 더 실천형 인간으로 만들어냈다. 작은 성공 경험의 힘을 알게 된 것은 글쓰기로 얻은 큰 결실 중 하나다. 이처럼 간단한 글이 의외의 힘을 발휘할 때가 종종 있다. 그렇지만 사소한 글쓰기의 힘을 알게 되기까지는 1년이라는 시간이 필요했다. 더 중요한 건 그 마법의 끝을 아직도 알 수 없다는 것이다.

우연히 쓴 글이
운명을 뒤바꾼 순간들

"또 책 냈다며?"

이제 네 번째 듣는 말이다. "대단하네."라고 이어지는 말에 무어라 답하기가 참 머쓱하다. 물론 책을 내면 어김없이 뿌듯함을 느끼는 시간이 찾아온다. 하지만 내가 대단히 어려운 일을 했다고 생각하지는 않는다.

글쓰기는 적절한 목표의식과 몰입 경험의 결과다. 적지 않은 노력을 쏟아야 하지만, 이것을 위해 나는 이를 악물고 버틴 적은 없다. 대개 몰입해서 자연스럽게 써 내려가기에, 엄밀히 말하자면 '내가 뭘 했다고…' 하는 생각이 들 뿐이다. 쓰기를 위한 읽기 역시 마찬가지다.

나는 보통 1년에 100여 권의 책을 읽는데, 대개 글을 쓰는 주제와 관련이 있다. 그렇다고 어떤 의무감을 가지고 독서를 하지는 않는다. 내돈 주고 산 책이라도 재미가 없으면 언제든지 중간에 책을 덮는다.

스물한 살 때 가졌던 내 소망을 나는 아직도 기억한다. '마흔에는 내 이름이 적힌 책을 내고 싶다.' 글을 써서 책으로 낸다는 것이 그렇게 멋있어 보일 수 없었다. 나도 강준만 교수(전북대학교 신방과 교수로, 지금도 왕성하게 집필 활동을 하고 있다)처럼 되고 싶었다. 그래서 그의 글쓰기 방식을 열심히 흉내를 내서 내 글을 쓰곤 했다. 책을 낸다는 것은 의지라기보다는 나의 소망이었는데, 그 일은 기적처럼 이루어졌다. 묘하게도 스물한 살에 소망했던 바로 그 나이, 마흔에 나는 책을 내게 되었다. 우연히 적은 세 문장은 장문의 글로 이어져 《일생의 일》이라는 책으로 연결됐다. 《나는 고작 한번 해봤을 뿐이다》도 내가 SNS에 작은 글 덩어리를 올리지 않았다면 아마 세상의 빛을 보지 못했을 것이다.

무심코 쓴 글로 운명이 바뀐 사람들

글을 쓰기 위해 자료 조사를 하면서 내가 겪은 우연한 경험이 그리 특이하지 않다는 것을 알게 됐다. 글쓰기로 대중의 사랑을 받은 사람 중 의외로 많은 이들이 인터뷰에서 '우연'이라는 키워드를 빼놓지 않는다.

진중권 교수의 첫 데뷔작은《주체사상비판》(공저로 출간하였으며, 현재 절판되었다)이었지만, 그가 본격적인 대중 글쓰기를 시작하게 된 것은《미학 오디세이》였다. 그가 독일로 유학을 갈 때 '비행기값이나 벌어볼까'라는 생각으로 쓴 글이 의외로 사람들에게 큰 호응을 얻게 되었고 그 후로도 이 책은 20년 넘게 사랑받고 있다. 그는 본래 직업적으로 글을 써야겠다는 목적으로 책을 쓴 것이 아니라고 했다. 딱히 글쓰기 훈련을 거치지 않았지만 그는 그렇게 글을 쓰기 시작한 것이다.

애거사 크리스티는 평범한 가정주부였다. 1914년 제1차 세계대전이 발발해 남편이 장교로 참전하면서 그녀의 운명은 바뀌었다. 당시 지역 병원에 간호사로 지원한 그녀는 그곳에서 각종 약과 독극물에 관심을 가지기 시작했다. 그러면서 알게 된 지식을 바탕으로 그녀는 소설을 쓰기로 결심한다. 그렇게 1920년에 첫 작품《스타일스 저택의 괴사건》을 펴냈고 차츰 독자의 반응을 얻기 시작했다. 그녀의 작품은 전 세계적으로 40억 부가 넘게 팔렸는데, 이 기록은 셰익스피어의 작품과 성경의 다음을 잇는다.

만약 존 F. 케네디가 정치인이 되지 않았다면, 어쩌면 그는 작가로서 오랫동안 사랑받았을지도 모른다. 정치 신인 시절 그는 고질적인 허리 통증으로 수술을 받고 안정을 취하던 시기에 소신 있는 정치인들의 이야기를 담아《용기 있는 사람들》이라는 책을 집필했다. 그리고 1957년에 그는 이 작품으로 퓰리처상을 받게 된다.

《회색인간》을 펴낸 작가 김동식은 근래 한국 문단에서 가장 뜨거운 작가로 꼽힌다. 문체에서 작법까지 그의 소설은 기존 소설과 비슷한 점이 거의 없다. 사회문화평론가 김민섭은 그를 가리켜 "110년의 시간을 돌아볼 때 앞으로 '신소설'의 작가로 이름을 남길 것이다."라고 극찬했는데, 김동식 작가의 글을 발견한 인물이 바로 김민섭 평론가다. 김민섭의 소개로 김동식 작가의 여러 편의 글을 접한 한기호 한국출판마케팅연구소장도 그의 소설을 읽고 난 후 큰 충격을 받았다고 한다.

"이 소설은 그림이 없는 만화 같기도 합니다. 설명도 묘사도 없이 그냥 한 줄씩 툭툭 던지는 거죠. 이 이야기는 근대 문학의 가치와 형식을 모두 무시하는 글인데, 읽고 나면 뒤통수를 맞은 것 같은 반전이 있습니다."

한기호 소장은 그 후 김동식 작가의 글을 위해 출판기획자를 자청하고 나섰다. 작가의 소설 여러 편을 추려서 한 권의 책으로 내자는 의견이 있었지만, 그는 내는 김에 세 권으로 책을 내자고 했고 예감은 적중했다. 그렇게 김동식 작가는 2018년 한국 문단의 신데렐라로 떠올랐다.

특이한 문체와 구성의 글 만큼이나 작가의 이력도 화제에 올랐다. 중학교 중퇴 후 10년간 주물 공장에서 일해온 김동식 작가는 따로 글쓰기를 배운 적이 없다. 한 인터넷 게시판에서 글을 익히고 자신만의 글을 쓰면서, 그 글이 담긴 게시물의 댓글이 좋아서 글을 계속 쓰게 됐다는 것이 작가가 밝힌 데뷔 변의 전부다.

새로운 연결은 잠자고 있던 잠재력을 깨운다

꾸준히 글을 쓰다 보면 '내가 이런 것에도 흥미가 있었나?' 하는 생각이 종종 들 때가 있다. 흥미의 발견, 혹은 씨앗의 발아라고 할 수도 있다. 한번은 이런 적이 있었다. 2015년 봄 나는 우연히 차이콥스키의 〈피아노 협주곡 1번〉을 듣게 됐는데, 이 곡을 들으면서 마치 거친 바다의 파도를 피아노 한 대가 자기만의 선율로 제압하는 듯한 느낌을 받았다. 그 후로 나는 이 곡에 단단히 꽂혀 100번도 넘게 들었다.

다음 단계는 정해진 것이나 마찬가지였다. 모차르트, 슈베르트, 베토벤… 나는 모든 클래식을 찾아 듣기 시작했다. 음악 과목으로 클래식을 배웠던 학창 시절 이후 처음으로 접한 클래식이었다. 이 일련의 사건의 시작은 글쓰기였다. 나는 고전 인물들을 조사하고 글을 쓰다가 〈피아노 협주곡 1번〉을 듣게 됐고, 그렇게 클래식이라는 새로운 주제가 얻어걸리게 된 것이다.

신선한 발견은 언제나 새로운 연결을 준비한다. 내가 경험한 또 다른 예를 살펴보자. 이를테면 '글쓰기와 다이어트'라고 하면 언뜻 두 가지가 전혀 관련이 없는 듯 보일 것이다. 그런데 어느 날 문득 나는 음식을 탐구하고 있는 나 자신을 발견했다. 이후 오랫동안 목표했던 다이어트에도 성공했다. 그 기저에 바로 글쓰기가 있었다. 음식에 대한 글을 한두 편 쓰면서 음식에 흥미를 갖게 됐고 음식에 대해 상세히 살피다 보니 식이요법으로 관심이 더 넓어지게 되었다.

《몰입의 즐거움》을 쓴 칙센트미하이와 같은 세계적인 학자도 처음에는 창의성에 관해 연구하다가 글을 쓰면서 자연스럽게 놀이를 연구하게 됐다고 한다. 이를 통해 그는 인간에 대한 직관을 발견하고 이 분야의 최고 전문가가 되었다.

새로운 연결은 나 자신조차 미처 모르는 내 안의 잠재력을 깨운다. 잠재력이 깨어나는 순간 알 수 없는 미래가 꿈틀거리기 시작한다. 지금 내가 이 글을 쓰는 것도 바로 그런 경우다. 내가 글쓰기에 관한 글을 쓰고 있다니! 2년 전만 해도 이것은 상상도 못했던 일이다. 이 주제는 나와는 무관한, 내게는 너무 어려운 주제라고 생각했다. 그러나 보란 듯이 지금 글쓰기에 관한 글을 쓰고 있지 않나? 글쓰기는 나의 삶을 내가 전혀 상상도 할 수 없는 방향으로, 더 흥미로운 곳으로 몰고 간다.

뒹구는 메모는
언제 잠에서 깨는가?

글쓰기의 고전으로 꼽히는 브렌다 유랜드의 《글을 쓰고 싶다면》은 제1장 1절에서 이렇게 말한다.

"언제나 당신이 생각하는 것을 쓰세요."

이것은 자신의 깊은 내면에 담긴 것을 이야기한다면 누구나 독창적일 수 있다는 의미다. 일본 메이지대학교 문학 교수이자 밀리언셀러 작가인 사이토 다카시 교수도 "자신의 머릿속에 떠오르는 단상이나 아이디어를 어디서나 그냥 풀어놓으라."라고 강조한다.

이처럼 많은 작가가 자신의 마음의 소리에 귀를 기울이라고 말한다. 마치 일기를 쓰듯이 말이다. 나는 이들의 조언을 마음에 새기고 있다. 마음이 무언가 말을 할 때 나는 그 말에 귀기울인다. 내가 보고 느끼는 소소한 일상은 결코 무가치하지 않다. 모든 위대한 작품도 그렇게 소소한 일상에서 시작됐다.

나는 많은 글쓰기 전문가들이 말하는 조언에 따라 이 책을 위한 첫 글을 썼다. 일명 '자유 글쓰기'다. 일상생활에서 일어나는 사소한 일도 글감이 되고 이야기가 되고 또 누군가에게 메시지를 줄 수 있다. 나는 이 사실을 보여주기 위해 편하게 아래의 글을 써 내려갔다. 당시의 느낌을 살리기 위해 어휘와 문장을 비교적 덜 다듬고 가능한 그대로 실었다.

2018년 2월 3일 토요일 오후 7시

토요일 오후 7시. 카페에 앉아 생각나는 대로 글을 쓴다. 일기라고 해도 딱히 틀린 말은 아니다. 글쓰기 재료는 대개 최근 며칠 사이에 일어난 사소한 일이다. 주제는 아직 정할 수 없다. 노트북을 켠 계기는 나만의 영어 공부법이었으나 글쓰기 자신감으로 마무리될지도 모르겠다.

글을 어디에 실을지는 크게 개의치 않는다. 블로그에 올리거나 페이스북에 흘려보내거나 운이 좋으면 새로 구상하고 있는 책 어딘가에 이 글이 들어갈 것이다. 지금으로선 몇 시간 전부터 꿈틀거리기 시작한 글쓰기 욕구가 증발하기 전에 써야겠다는 생각뿐이다.

나는 언제부턴가 이런 식으로 글을 쓴다. 언젠가 내 글을 읽게 될 사람들에게 보여주고 싶다. 가야 할 길은 불확실하지만, 욕구만큼은 확실하다. 나는 엉킨 생각이 풀린다거나 누군가에게 말하고 싶을 때 쓴다. 지금 내 마음이 딱 그렇다. 글쓰기를 위한 준비는 따로 없다. 느낀 대로, 마음 가는 대로 행진한다.

이 글은 일단 보여주기다. 그저 그런 일상도 글이 될 수 있다는 증명이다. 지금부터 오늘 나를 쓰게 만든 일상의 경험에 대해 쓴다.

〈헬스클럽과 영어 공부〉

투박하긴 하지만 생각나는 대로 제목을 붙여봤다. 나는 글을 쓸 때 대충이라도 제목을 적는다. 이것은 글이 맥락에서 벗어나지 않게 하고 생각을 집중하게 해주는 효과가 있다. 제목에서 드러나듯이 헬스클럽에서 영어 공부를 했다는 얘기다. 뻔해 보이는 이야기일 수도 있지만 굳이 쓰고자 하는 이유는 오늘의 경험이 나에게 그만큼 새로웠기 때문이다.

여느 때처럼 러닝머신 위를 빠르게 걷고 있었다. 오늘은 유달리 뇌도 빨리 움직였다. 뇌의 속도를 따라 손도 빠르게 움직인다.

점의 연결과 성공 경험/동기/잠수하기/3일 만에 일어난 변화/헬스장, 영어 공부/빠른 속도로 걷는다. 〈라이크 어 버진〉Like a virgin

영어 가사를 본다./포스트에 글을 올린다. 음악에 대한 책을 쓸 생각은 전혀 없다. 그냥 모으고 싶다./잠수하라. 글쓰기 학원을 다니며 글을 쓰려 하지 말고 그냥 푹 담군다. (2018.2.3)

40분 동안 러닝머신 위를 걸으며 끄적거린 열다섯 줄의 메모다. 서둘러 적다 보니 복기가 잘 안 되는 키워드도 있다. 이 정도에 좌절하지는 않는다. 메모의 첫 줄을 차지하고 있는 '점의 연결과 성공 경험'이라는 표현을 다시 읽으며 비로소 무엇이 나를 글쓰기로 밀어넣었는지 깨닫는다.

헬스클럽에 다니기 시작한 지 한 달이 됐다. 의사는 나에게 손상된 허리 근육을 회복하는 길은 꾸준한 운동밖에 없다고 했다. 문제는 습관화다. 운동은 달갑지 않은 존재다. 다시 가고 싶지 않은 군대와 같은 느낌이랄까.

그러나 이제 운동은 귀찮아도 더 이상 미룰 수 없는 지상 최대의 과제가 됐다. 운동에 동기부여를 줄 방법이 없을까? 그래서 선택한 게 러닝머신 위에서 걷기다. 그나마 TV 모니터가 달려 있어 볼거리가 있기 때문이다. 처음 몇 주간은 예능 프로그램을 보면서 버텼다. 그것이 운동의 지루함에서 벗어나는 데 도움은 됐지만 오래지 않아 공허해졌다. 나는 TV를 그리 좋아하지 않는다. 그러다 불현듯 영어 공부가 떠올랐다. '그래! 걸으면서 영어 공부를 하자!'

외적 동기이기는 해도 동기부여의 요인이 두 가지로 늘어났다.

처음에는 영어 학습 채널을 찾았다. '옳다구나.' 하고 1편을 봤는데 2편부터는 유료 콘텐츠다. 헬스클럽 사장을 찾아가 내가 개인적으로 사용료를 지불할 의향이 있으니 해당 채널을 볼 수 있는 방법이 없겠냐고 했는데 난색이다. 할 수 없이 돌아와 200개가 넘는 채널을 하나씩 넘기다 '아리랑TV'를 발견했다. '오, 세상에. 이렇게 고마운 채널이 세상에 있다니! 아리랑TV 열혈 시청자가 되리라.' 이런 뜨거운 다짐이 식기도 전에 프로그램에 마뜩지 않은 한국인이 출연한다. 운동하는 시간에 맞춰 내가 원하는 프로그램이 있을 거라고 기대한 게 순진했다.

필요가 욕구를 낳다 보니, 그 다음엔 내 생각이 무료 영화로 튀었다. 가능하면 고전도 섭렵할 겸 오래된 영화를 찾았다. 〈나의 라임 오렌지 나무〉가 나온다. 웬걸, 언어가 이상하다. 알고 보니 브라질 영화다. 그 다음에 찾아낸 〈라붐〉이 프랑스 영화라는 걸 깨닫는 데는 1분도 걸리지 않았다. 속으로 한참 웃었다. 다시 선택한 영화는 〈플란다스의 개〉. 너무 오래된 영화라 사운드가 엉망이다. 〈분노의 포도〉는 상태가 더 심각하다.

이러다 변명거리만 늘어놓겠다고 걱정하려는 찰나에 시선이 〈라이크 어 버진〉에 멈춘다. 가수 마돈나의 일생을 다룬 다큐멘터리다. 마돈나의 음악이 중간중간 삽입된 인터뷰 다큐멘터리다. 드디어 찾았다! 미국인이 나오고 말을 많이 하는 영어 프로그램! 이제 영어 실력이 일취월장해질 나를 상상해본다.

외적 동기든 내적 동기든 어쨌든 간에 시동이 걸렸다. 20분쯤 지나자 나의 시청 태도에 변화가 생겼다. 어느덧 나는 한글 자막을 안 보고 영어로 말하는 미국인들의 입을 보고 있었다. 다큐멘터리의 전체적인 내용은 놓치긴 하겠지만 어차피 나의 목적은 영어 공부가 아닌가.

스스로 작은 도전을 하고 있다는 생각에 미세한 흥분을 느꼈다. 그러면서 오늘의 글을 써야겠다고 생각했다. 노력하는 자에게 행운이 오는구나. 이것이 '점의 연결'이다. 다큐멘터리(정확히는 영어 공부)에 몰입하는 만큼 더 빨리 걷는다. 집에 가서 〈라이크 어 버진〉 가사를 보고 마돈나에 대한 추억을 블로그에 올려 볼까 하는 생각을 한다.

일상적 글쓰기가 남긴 것

'2018년 2월 3일 토요일 오후 7시'라는 이름이 붙은 글은 여기까지다. 어떤 사람은 '그래서 대체 무슨 얘기를 하고 싶은 거야?'라고 묻고 싶을 것이다. 그래서 지금부터는 일상에 대한 글쓰기 효과를 이야기하려고 한다.

첫째, 글을 쓴 당시의 감정은 기록이 되고, 또 그 글이 이렇게 이 책에 들어와 독자를 만나고 있다. 즉 대단히 실용적이다. 여러 번의 퇴고 끝에 더 압축되고 더 나은 글이 된 것은 물론이다. 이러한 평범한 일상이 남들에게 읽히는 글이 될 거라는 것을 누가 알았겠는가?

둘째, 찰나의 생각은 내 삶의 한 페이지로 기록됐다. 기록하는 순간과 동시에 영원히 내 것이 된다. 짧은 시간이지만 쓰면서 매우 내밀한 깊은 성찰을 경험하게 된다. 우리가 일상 속에서 보거나 느낀 것은 삶에서 결코 작은 부분이 아니다. 독자는 책을 읽으며 자연스럽게 이 페이지를 넘기겠지만, 나에게는 기록에 남은 모든 순간순간이 지금의 나를 끌고 가는 수많은 바퀴 중 하나다. 많은 사람이 이런 경험을 꼭 해봤으면 좋겠다.

하나하나의 글은 '점의 연결'이다. 당시 내가 메모장에 적은 '점의 연결과 성공 경험'은 단순한 수사가 아니었다. 나에게는 나름의 빛나는 통찰이었다. 영어 공부와 운동, 그리고 글쓰기까지 서로 다른 영역의 일들이 연결되었다. 영어, 운동, 글쓰기라는 전혀 다른 영역의 세 가지는 '성공 경험'이라는 키워드로 한데 만났다. 이 짜릿한 맛이 나를 끊임없이 설레게 한다.

셋째, 점의 연결로 생활습관이 변하고 점차 삶이 바뀐다. 변화의 주역은 글쓰기다. 헬스클럽에서 운동을 하다가 이만큼의 희열에 빠지기는 쉬운 일이 아니다. 이는 내가 글을 쓰지 않았다면 아마 느끼지 못했을 경험이다.

'누가 〈헬스클럽과 영어 공부〉와 같은 덤덤해 보이는 글을 읽을까?' 하는 걱정은 미리할 필요가 없다. 벌써 당신이 이렇게 읽고 있지 않나. 책이 아니고 SNS에 올렸더라도 누군가는 그 글을 읽을 것이다. 글의 운명은 속단할 필요가 없다. 글은 생각을 표현하기 위한 도구다. 그것으로 이미 그 값어치를 했다. 더군다나 진심이 담긴 글은 누군가에게 의미 있게 읽힌다. 글을 쓰고 싶지만 잘 쓰지 못할까봐 두렵다고 말하는 사람들이 정말 많다. 그들은 작법이 필요 조건이라고 생각한다. 하지만 나는 이렇게 말해주고 싶다.

'일단 먼저 글을 쓰고 나면 점차 해결됩니다.'

내가 영어 공부에 대한 각종 강의를 듣다가 인상 깊게 들은 조언 하나가 있다. '잠수하라. 수영을 잘하고 싶다면 발 담그기를 이제 그만하고 잠수하라.' 글쓰기도 마찬가지다. 잘 쓰고 싶다면 글 속으로 들어가면 된다. 아마 당신은 살려고 발버둥치게 될 것이다.

그들의 오늘도
한 번 쓰기에서 시작됐다

지금 40대인 사람들에게 무라카미 하루키는 작가 이상의 존재다. 대학생 시절 그의 이름을 들어보지 않은 사람은 거의 없을 것이다. 그당시 수많은 독자가 그의 소설에 대해 '단숨에 읽었다'는 서평을 남겼다. 심지어 소설가 윤이형은 "곧바로 (하루키의 글에) 감염되어버렸다." 라고 말하기도 했다. 이렇게 대중을 뒤흔드는 작가의 마력을 밝혀내기 위해 평론가들은 너나없이 하루키에 대한 글을 써내곤 했다. 당시 하루키는 하나의 문화 현상이었다.

그런 대단한 작가가 아무런 준비도 없이, 어느 날 느닷없이 작가로 데뷔했다면, 이 말을 믿을 사람이 얼마나 될까? 하루키는《직업으로서의 소설가》에서 글을 본격적으로 쓰기로 다짐한 그날 그에게 있었던 일을 매우 구체적으로 기억해 서술했다. 그 이야기는 이렇다. 1978년, 스물아홉 살의 하루키는 카페를 운영하고 있었다. 센트럴리그 개막전이 열리는 날, 그는 혼자 야구장에 들러 외야석에 드러누워 맥주를 마시면서 경기를 보고 있었다. 야쿠르트의 선두 타자는 미국에서 온 힐턴이라는 이름의 무명 선수였다. 투수가 1구를 던지자 힐턴은 그 공을 좌중간으로 올려쳐 2루타를 만들어냈다. 그때 하루키는 뜬금없이 이렇게 생각했다고 한다.

'그래, 나도 소설을 쓸 수 있을지도 몰라.'

야구장을 나온 하루키는 원고지와 만년필을 사서 집으로 가 주방 식탁에 앉아 소설을 쓰기 시작했다. 독자는 염두에 두지 않았다. 그저 '쓰면 기분이 좋아진다'는 것만 의식했다. 그렇게 그가 반년 만에 후다닥 써서 펴낸 책이 《바람의 노래를 들어라》다. 이 작품으로 하루키는 그해 문예지 《군조》의 신인상을 타며 화려하게 데뷔한다.

이러한 하루키가 '나의 영웅'이라고 칭송했던 탐정소설의 거장이 있다. 바로 작가 레이먼드 챈들러Raymond Chandler 다. 챈들러는 500명 중에 3등으로 시험에 합격해 공무원으로 사회생활을 시작했지만, 그 일이 '지루하다'는 이유로 몇 개월 후 그만두고 만다. 그는 프리랜서로 잡지에 글을 기고하며 생계를 유지했지만, 그의 글은 좋은 평가를 받지 못했고 오래지 않아 그 일 역시 그만두었다. 이후 그는 이런저런 잡일을 전전하다 석유회사에 자리를 잡아 안정적인 생활을 했으나 얼마 후 업무 태만으로 해고된다. 다시 실업자가 된 챈들러는 아내와 배를 타고 태평양 여행을 떠난다. 그때 불현듯 '소설을 쓰고 싶다'는 생각이 그의 머리를 스쳐 지나간다. 밤마다 그가 읽을거리로 집어든 잡지에서 소설을 읽은 것이 그에게 알게 모르게 영향을 미친 것이다. 이때 그의 나이가 마흔넷이었다. 그 후 잡지에 단편소설을 기고하며 계속해서 글을 썼고 마침내 쉰한 살에 그는 첫 장편 소설《빅 슬립》The Big Sleep을 출간했다. 이 소설은 그 유명한 사립탐정 '필립 말로'가 탄생한 첫 작품이다.

쓰다 보니 작가가 되었다

유명 작가들에게 "왜 글을 쓰게 됐는가?"라는 질문을 던지고 그 답변에 완벽한 기대를 거는 일은 접어두는 편이 좋다. 그들 역시 그 이유를 잘 모른다. "쓰다 보니 그렇게 됐다."고 답하는 것은 그들의 성공의 비밀을 드러내지 않고 회피하기 위한 의례적 답변이 아니다. 가장 솔직한 답변일 뿐이다.

소설《마션》을 쓴 앤디 위어Andy Weir는 세계적으로 마니아층을 가지고 있는 게임 '워크래프트 2' 개발에 참여한, 소위 알아주는 프로그래머였다. 물리학자인 아버지와 전기 기술자인 어머니 밑에서 성장해, 열다섯 살에 이미 국립연구소에서 프로그래머로 일했던 그의 진로는 예정된 것이나 마찬가지였다. 과학을 사랑했던 소년은 여덟 살 때부터 과학소설을 탐독할 만큼 책도 좋아했다. 그러면서 마음 한편에는 '작가가 되고 싶다'는 욕망이 자라고 있었다. 하지만 그가 컴퓨터 공학을 전공하고 IT 업계에 발을 담그면서 작가의 꿈은 현실적으로 멀어져갔다. 대신 그는 직장생활을 하며 이루지 못한 꿈을 블로그에 담기로 마음먹었다. 위어는 퇴근 후엔 항상 과학에 대한 글을 썼다. 구글과 위키피디아를 뒤지며 자료 조사도 병행했다. 그런 노력 덕에 그의 글은 인터넷에서 반응을 얻기 시작했다.

그렇게 글을 쓴 지 10년이 지난 2009년에 그는 '화성에 고립되어 고군분투하는 과학자 이야기'를 쓴 《마션》을 자신의 블로그에 연재했다. 그렇게 연결된 '점'은 마침내 결실을 이루었다. 블로그의 글을 읽은 독자들이 연재한 글을 책으로 출간해달라고 그에게 끊임없이 요청했지만, 긍정적인 출간 의사를 밝히는 출판사는 없었다. 그래서 그는 전자책으로 《마션》을 출간했고, 이 책은 한국을 비롯해 무려 29개국에서 번역·출간이 됐을 뿐만 아니라, 리들리 스콧Ridley Scott 감독의 영화로도 개봉됐다. 그 후 그의 인생은 그의 블로그 글로 한순간에 송두리째 바뀌게 되었다. 게임 프로그래머에서 전업 작가로 전향한 위어는 작가가 되고 싶은 사람들에게 "일단 써야 한다."고 말한다.

세계적인 베스트셀러 작가 세스 고딘Seth Godin은 그의 저서 《이카루스 이야기》에서 예측하기 힘든 경제 환경에서 살아남으려면 '정해진

규칙 없이 시도하라'고 조언하는데, 글쓰기에 대해 그가 하는 조언도 마찬가지다. 그의 제안은 아주 단순하다. "블로그에 글을 써라. 그것이 어렵다면 SNS에 이런저런 글이라도 올려라." 세스 고딘은 이를 한 마디로 압축한다.

"글을 잘 쓰고 싶다면 그저 쓰는 것이 최선이다."

글을 못 쓴다고만 말하는 사람들에게 작가 나탈리 골드버그는 일침을 가하는데, 나는 글쓰기에 관해 이 이상의 조언을 들어본 적이 없다.

"사람들은 말합니다. '저도 글을 쓰고 싶긴 한데 아이도 여럿이고, 온종일 직장에 매여 있고, 집에서는 맨날 구박을 당하고, 부모님이 진 빚도 엄청나고…' 그 이유가 끝이 없어요. 그러면 나도 그들에게 말합니다. '다 핑계예요. 정말 쓰고 싶다면 쓰세요. 이건 당신 인생이잖아요. 그러니 책임을 지세요. 천년만년 살 것도 아닌데 언제까지 기다릴건가요?'"

거장들의 오늘도 한 번 쓰기에서 시작됐다. 그래서 그들은 일단 쓰기를 강조한다. 글을 쓴 후 당신의 운명이 어디까지, 어떻게 바뀔지는 아무도 모른다. 글쓰기라는 말이 거북하다면 메모부터 시작해도 좋다. 어쨌든 그것 역시 글을 쓰는 행동이기 때문이다.

나도 글 좀
잘 쓰면 좋겠다

"글 잘 쓰는 비결이 있나요?"

작가 유시민은 30년 전부터 사람들에게 이런 질문을 받는다고 한다. 이것은 글쓰기에 관심이 있는 사람이 주로 하는 질문인데, 작가의 말은 이렇다.

"뭐라 대답하기가 어려웠다. 글쓰기에 무슨 비법이 있는지 아는 게 아무것도 없었기 때문이다. 나는 글 쓰는 사람이 되겠다는 목표를 세운 적이 없었다. 어디서 누구한테 글 쓰는 방법을 배우지도 않았다. 살다 보니, 어쩌다 보니 자꾸 글을 쓰게 되었고 글쓰기를 직업으로 삼게 되었을 뿐이다. 알 수 없는 게 인생이라더니, 정말 그런 것 같다.

책을 여러 권 낸 후에야 글쓰기에 관한 책을 읽었다. 그 후 내가 글을 잘 못 쓴다는 사실을 뒤늦게 깨달았고, 더 잘 쓰고 싶어서 나름대로 애를 썼다."

그의 대답은 무엇을 말하는 걸까. 누군가에겐 이 말이 기대했던 말이 아닐 수도 있다. 한마디로 '글은 쓰면 쓸수록 잘 쓰게 된다는 것', 즉 이것은 연습과 노력이 글을 잘 쓰는 비결이라는 상식적인 답변일 뿐이다.

"어떻게 책까지 내게 됐나요?" 나 역시 몇 년 전부터 자주 듣는 질문이다. "언제부터 글에 소질이 있었냐?"고 물어보는 사람도 적지 않다. 대개 웃으면서 유야무야 넘어가려고 하지만 꼭 답을 해야 할 때 나는 이렇게 말한다. "전 글쓰기에 소질이 있다고 생각해본 적이 단한 번도 없어요." 하지만 대부분 내 말을 믿지 않는다. 책까지 냈으면서 겸손을 떤다고 생각한다.

글쓰기는 누구에게나 쉽지 않다. 이 사실을 인정하지 않으면 글을 쓰는 일이 왠지 나만 힘들게 느낄 거라는 편견에 갇히게 된다. 몇 권의 책을 낸 나도 여전히 헤맨다. 글을 쓰며 적절한 어휘를 찾지 못해 사전을 자주 찾아본다. 선택한 어휘도 자주 바꾼다. 논리적인 문장 구성을 하는 데 있어서 자주 난관에 부딪히고, 때론 하나의 문단에서 반복되는 문장을 자주 발견하며, 이따금 잘난 척하려는 본능이 튀어나와 나 자신에게 짜증도 자주 낸다. 그래서 틈틈이 좋은 글을 찾아보고, 이따금 글쓰기 책도 펼쳐 본다. 나보다 먼저 글쓰기에 관해 고민한 사람의 글은 최고의 교재다.

예전에 조선일보 박종인 기자가 쓴 《기자의 글쓰기》를 읽은 적이 있다. 책을 읽으며 문장에서 '의', '것'이라는 단어만 빼도 글의 리듬감이 생긴다는 걸 확인하고 쾌감을 느낀 기억이 있다. 《유시민의 글쓰기 특강》에서는 글 쓰는 자세에 대한 실용적인 조언을 얻을 수 있었다. 유시민은 칼럼과 같은 논리적인 글을 쓸 때 자신이 최선을 다해 지키는 규칙에 대해 다음과 같이 말한다.

"첫째, 취향 고백과 주장을 구별한다. 둘째, 주장은 반드시 논증한다. 셋째, 처음부터 끝까지 주제에 집중한다." 이 세 가지 규칙을 잘 따르기만 해도 어느 정도의 수준 높은 글을 쓸 수 있다고 그는 강조한다. 논리적인 글쓰기는 문학적 글쓰기보다 재능의 영향을 훨씬 덜 받는다는 게 유시민의 주장이다.

글쓰기를 배우고 직접 글을 쓰며 공부한 바를 자신의 글에 적용해 봐야 글이 좋아진다. 하루이틀 집중 수업을 받는다고 글쓰기가 비약적으로 발전하지 않는다. 처음부터 글 잘 쓰는 법에 굳이 집착할 필요가 없다. 평소에 글을 잘 안 쓰는 사람에게 우선 필요한 일은 눈높이 낮추기다.

영국의 소설가 G.K. 체스터튼 G.K. Chesterton 은 "세상에 재미없는 주제란 없다. 무심한 인간이 존재할 뿐이다."라고 말했다. 이런 관점에서 보면 우리의 일상은 글쓰기 재료로 넘쳐나는 공간이다. 쓰기가 어려울 때 자신이 잘하거나 관심 있는 영역을 글로 끌고 들어오면 한결 재미를 붙일 수 있다.

다행히도 글쓰기와 관련해서 내가 잘하는 게 있는데 바로 '사람 관찰하기'다. 잘한다기보다는 자주 하는 행동이라고 말하는 게 더 정확할 것 같다. 오래된 습관이라 그 행동의 이유를 찾기는 어렵다. 그냥 좋은 사람을 보는 게 좋다. 그러다 보면 그 사람의 습관을 나도 모르게 따라하게 된다. 또한 끌리지 않는 사람은 왜 그런지 생각해본다. 괴팍하지만 재밌는 취미다. 물론 관찰을 통해 드는 생각은 수시로 문장이 된다. 다음은 내가 평소에 사람을 관찰하면서 느낀 점을 블로그에 우발적으로 써서 올린 글이다.

나이들수록 좋은 것

나이들어 가장 좋은 건 덜 중요한 것에 덜 집중하게 되는 것.
하나, 회사 생활에서 승진보다 더 중요한 것은 잔뜩 널려 있다. 승진은 한철 입는 옷이다. 누구나 때가 되면 그 옷을 벗어야 한다. 마치 영원할 것처럼 권력을 행사하는 건 오만함이 아니라 무지다.

둘, 일을 덜 하는 것과 직장생활에서 만족감을 누리는 것하고는 큰 상관이 없다. 남들에게 없는 자유의 뒷면에는 성취의 빈곤이 있다. 셋, 일과 사생활을 엄격하게 분리하는 사람을 미워할 필요가 없다. 나는 한때 그들이 행복할 리 없다고 단정했지만 우리 인생에 일만 존재하는 건 아니지 않은가.

그래서 사람은 죽음에 가까워질수록 단순한 방향으로 수렴되나 보다. 좋아하는 일을 하고, 좋아하는 사람과 같이 웃고 같이 울면서 성장하는 것. 한마디로 행복한 삶은 '일과 사랑'이 협력한 결과가 아닐까.

제법 묵직한 글을 쓴 날이다. 왜 이런 글을 썼는지 어렴풋하지만 추론을 할 수 있다. 기록으로 남겼기 때문이다. 당시 나는 승진만 보고 돌진하는 사람이 못마땅했다. 바빠죽겠는데 퇴근 후 연락이 안 되는 사람도 못마땅했다. 그런데 글을 쓰다 보니 그럴 이유가 없다는 생각이 들었다. 삶의 단면만 보고, 그 사람을 미워해야 할 이유를 말하고, 그 사람은 불행할 것이라고 단정했던 나의 오만함에 대한 반성이다. 이렇게 글을 쓰면서, 나의 생각이 아주 조금이나마 달라지게 되었다.

사람에 대한 관심은 글쓰기에 적잖은 도움을 준다. 글쓰기는 결국 사람 이야기 아닌가. 그들은 훌륭한 교훈과 더불어 풍부한 재료를 준다. 이 책에도 사람에 대한 이야기가 많다. 물론 내가 몹시 궁금해하는 사람들의 이야기다. 그들은 끊임없이 나에게 질문을 하게 한다. '그들은 어떻게 글을 쓰는가?' 구체적으로 말하면, '일필휘지로 쓰는 사람은 얼마나 되는가?', '글을 쓸 때 독특한 습관이 있는가?', '글이 잘 안 써질 때는 어떻게 해결하는가?', '언제부터 전업 작가가 되었는가?'

나는 글을 쓰면서 절대로 높은 목표를 세우지 않는다. 책을 내기 위한 글은 장기 프로젝트이기에 목표가 있지만 쓰는 순간만큼은 그냥 떠오르는 생각에 충실해지려 한다. 보통은 쓰기에 대한 욕구가 몰려올 때 어떤 방식으로든지 몇 줄이라도 쓰려고 한다. 단편적인 생각은 주로 SNS에 올리고, 생각이 발전되는 경우 블로그로 연결해 그 글을 키운다. 때론 내가 썼다는 게 의아한 글도 있다. 어떨 땐 타인의 향기가 느껴지기도 한다. 마치 다른 사람의 책에서 좋은 글을 발견한 것 같은 느낌인데, 그런 글을 보며 간혹 나름의 통찰을 얻기도 한다.

어떤 시기만 지나면 평온해질 거란 믿음

되돌아보니 마흔쯤에 느끼기 시작한 것 같다. (노화와 절묘하게 맞물려 깨달음이 찾아오는 마흔은 참 절묘한 시기다.) 어떤 시기만 지나면 평온해질 거란 믿음은 착각이라는 사실을 말이다.

고통은 인간을 더 인간답게 만들기 위해 존재하는 거란 생각에 이르자 관점의 대전환이 일어난다. 조금은 더 여유가 생기는 것 같다.

고3 시절만 지나면, 취업만 되면, 빡세고 불안한 20대만 지나면,

더 빡센 30대만 지나면… 그러나 40부터는 이따금 다시 30대 시절을 그리워한다. 20대는 말할 것도 없다.

밤이 지나면 낮이 오고 다시 밤이 온다. 지극히 상식적인 진리를 깨닫기까지 무려 40년. 불현듯 생각이 밀려와서 기록으로 남긴다. 철학하기 좋은 뉴스들이 대량 생산되는 시대 탓이기도.

위의 글은 2년 전 페이스북에 몇 글자 올렸다가 조금 더 살을 붙여 블로그로 옮겨온 글이다. 일단 글을 쓰면 더 잘 쓰고 싶어진다. 수정하기 위해 쓴 글을 다시 읽고 다시 쓴다. 쓰기와 읽기는 이렇게 순환된다. 그래서 글을 잘 쓰고 싶다면 뭐라도 쓰는 게 좋다. 그렇게 조그마한 성공 경험이 쌓이면 글을 쓰는 것을 멈추기조차 힘들어진다.

모든 삶이
글이 될 수 있기에

2018년 4월 14일, 나는 시를 쓰겠다고 마음을 먹었다. 오래전부터 계획한 건 아니었다. 얼마 전 우연히 시 낭독 모임에 참석하고 난 후 마음에 물결이 일었고, 일주일 동안 그 생각이 떠나지 않아 나에게 선언을 하게 되었다.

4월 6일, 그날 저녁의 일이다. 나는 지인과 식사를 하고 찻집을 찾았다. 일산 호수공원 옆 김이듬 시인이 운영하는 아담한 책방찻집이 떠올랐다. 분위기가 좋아 지인에게 소개해주고 싶은 마음이 있었다. 그런데 평소와는 다르게 찻집이 사람들로 북적거렸다. 주인장에게 인사를 했지만 여유가 없어 보였다. 알고 보니 시 낭송회 행사가 있는 날이었다. 이런 이벤트가 가끔 있다는 건 알고 있었다. 언젠가 한번은 와보고 싶다고 생각했었다. 그런데 하필 그날이었다. '다른 곳으로 갈까?' 나는 지인과 잠시 고민하다 특이한 경험이니 동참하기로 했다. 우리는 참가비 1만 원을 내고, 청중 속에 끼어 앉았다.

그날의 초대 시인은 천수호 작가였다. 민망하게도 나는 들어보지 못한 이름이었다. 그럴 수밖에 없었다. 내가 아는 현대 시인은 다섯 손가락에 꼽는다. 내 인생에서 시를 마지막으로 읽은 게 언제였던가. 돈을 주고 산 마지막 시집은 대학교 1학년 때 산 최영미 시인의 《서른, 잔치는 끝났다》였다. 20년도 전의 일이다. 그 후로 사회생활을 하면서 유명한 시집 몇 권을 만지작거린 적은 있으나 어떤 시가 내 머릿속에 남은 기억은 거의 없었다.

참석한 사람들 면면이 예사롭지 않았다. 대략 스무 명 중에 대여섯 명은 시인이었고, 더러는 소설가도 있었다. 시인이 시 낭송을 권유하며 지명했을 때 거절하는 사람은 하나도 없었다. 제각각 시를 선택한 이유를 간략히 설명하고 차분히 읽어 나갔다. 나에게도 낭송의 순서가 왔다. 나는 그날 시에 대해 준비된 바가 전혀 없었다. 양해를 구하고 마치 제비뽑기를 하듯 아무 페이지나 열어 젖혔다. 시집 《우울은 허밍》의 72페이지가 펼쳐졌다. '내가 아버지의 첫사랑이었을 때' 제목이 좋아 마음에 들었다.

시집에는 아버지에 관한 이야기가 유독 많았다. 어떤 이가 그에 대해 물어보자 시인은 아버지와의 기억을 들려주었다. 조금 전에 읽은 시가 다르게 보였다. '시라는 것도 삶에서 나오는구나.' 시간이 흐를 수록 나는 점점 시에 빠져들고 있었다. 행사가 끝나갈 무렵, 사람들은 너도나도 궁금한 것을 시인에게 물어봤다. 주로 시의 탄생 배경에 대한 것이었다. 나도 질문을 했다.

"작가님, 저는 문학에 대해서는 문외한입니다만 글쓰기만큼은 좋아합니다. 주로 큰 주제를 정하고 다큐멘터리를 제작하듯이 프로젝트처럼 글을 쓰는데 상당 부분 자료 조사와 편집에 시간을 할애합니다. 시인들도 글쓰기에 있어서 이와 비슷한 면이 있는지요?"

자기소개를 하며 나의 무식이 탄로나긴 했지만, 내 질문이 혹시 결례가 되는 건 아닐까 하고 다소 신경이 쓰였다. 그러나 천수호 시인은 마치 대학 새내기를 대하듯 친절하게 내게 답해주었다.

"소설가들은 다큐멘터리 피디 못지않게 자료 조사를 많이 합니다. 직접 취재도 많이 하고요. 그러나 시인은 자료보다는 관찰에 집중하는 편이죠. 다만 편집 관련해서는 공감하는 부분이 있어요. 더 좋은 글을 위해 시를 써놓고 많이 고치죠. 어떤 행은 아예 다른 시로 이동하기도 하고요. 제목이 수시로 바뀌는 건 말할 것도 없지요."

이 말을 듣자 어떤 희망이 생겼다. '아, 나의 글쓰기와 본질적으로 다르지 않구나, 글은 바로 삶이구나.' 그날 저녁, 나는 지난간 내 삶의 흔적을 추적해보기로 했다. 블로그에 쓴 몇 년 치 글을 처음부터 끝까지 다시 읽어 내려갔다. 그중 하나가 눈에 들어왔다. 다음은 2018년 4월 14일, 블로그의 원본을 편집해서 내가 '시'라고 이름 붙인 첫 번째 글이다.

선택과 결정 사이

선택권이 많은 사람은 부러움을 사기 쉽고

결정권이 많은 사람은 외로움이 남기 쉽다

두 사람은 사실 한 사람

인생은 밝음과 어둠의 오묘한 동행

한 예능프로그램에서 진행자가 배우 이필모 씨에게 취미가 뭐냐고 묻자 그는 '시 쓰기'라고 답했다. 그 말에 출연자들은 놀랐지만 나는 이제 그것이 의외의 답이라고 생각하지 않는다. 그냥 그렇게 그가 자신이 쓴 것을 시라고 생각하면 시가 되는 게 아닐까.

사전에 따르면 시는 '자신의 정신생활이나 자연, 사회의 여러 현상에서 느낀 감동 및 생각을 운율을 지닌 간결한 언어로 나타낸 문학'이라고 쓰여 있다. 시의 절반은 이미 나의 삶이다. 필요한 건 '운율을 지닌 간결한 언어', 즉 시라는 형식이다. 노력하면 나아진다. 모든 일이 그렇다. 나도 시를 쓰고 싶다는 생각은 더이상 '생각'만이 아니다. 나는 이미 시를 썼으니 말이다.

문학평론가에서 언론인, 문화부 장관까지 역임한 이어령 교수는 80세가 넘어 투병 중에 이런 말을 한 적이 있다.

"사람들은 제가 안 해본 게 없다고 말하지만, 사실 저는 인생을 굉장히 좁게 살았어요. 저는 어렸을 때부터 글 쓰고 책 읽고 사색하는 것만이 삶에서 가장 중요하다고 생각해서 그것 말고는 다른 길을 생각한 적이 없었어요. 참 후회스럽습니다. 많은 꿈이 있었다면 제 인생에서 다른 가능성도 열렸을 텐데."

한 번뿐인 인생, 그 인생을 값어치 있게 사는 길은 다양한 가능성을 탐색하며 사는 삶이다. 이어령 교수는 "모든 사람은 천재로 태어났다."고 말했다. 그의 생각만이 아니다. 많은 위대한 사람들이 죽기 전에 이렇게 말하지 않는가. '인간의 잠재력은 무한하다.'

쓰기만 해도 새로운 가능성이 열린다

1. 어떤 주제에 대해 떠오르는 생각이나 의견을 메모장에 기록해보자.

2. 메모장에 있는 글을 한 문단(완성도 있는 짧은 글)으로 써보자.

3. 자신이 잘하거나 관심 있는 영역에 대해 마음껏 써보자.

• 글쓰기의 괴로움
• 쉽고 자유롭고 즐겁게 글을 쓰는 법
• 시작은 메모부터
• 어디에 글을 적나요?
• 처음부터 고치지 않는다
• 모든 작가는 자신의 이야기로 글을 쓴다
• 내가 글 쓰는 법 1. 눈덩이 만들기
• 내가 글 쓰는 법 2. 눈덩이 굴리기
• SNS 글쓰기에 대하여 1
• SNS 글쓰기에 대하여 2
• 글쓰기 취미 만들기 프로젝트 5. 이제 나의 글을 쓴다

제5장

일단 한번
써보기로 했다

글쓰기의
괴로움

영감이 떠올라 재빨리 카페에 들어왔다. 글을 쓰기 위해서다. 주문한 커피를 받고 한 모금 마시는 순간, 머릿속의 생각이 전부 삭제된 것만 같은 느낌이 밀려온다. 예감은 비껴가지 않는다. 커피를 마시며 웹 서핑만 실컷 하고 나온다. 이럴 땐 내 자신이 너무나 한심스러울 수가 없다. '이게 뭐 하는 짓이지? 내가 전업 작가라도 되는 양 착각하고 있는 건 아닌가?' 어떤 주제가 있는 글쓰기에 몰입해야 할 때 이런 경험은 일상적으로 일어난다.

전업 작가들이 볼 때 나의 이런 한탄은 엄살에 불과하다. 그들은 '괴롭다'는 말을 입에 달고 산다.

"나는 책을 써서 사는 사람이지만 책을 써내면 무슨 생각이 드냐면 다시는 이 짓을 안 한다고 결심해요."_김훈

"엄청난 시간과 에너지를 쏟아 부은 책이 장르도 모호하고, 이도 저도 아닌 채로 사라져버릴까 봐 두렵다."_제니퍼 이건 Jennifer Egan

"글쓰기는 세상에서 가장 외로운 노동이다."_존 스타인벡 John Steinbeck

"아침에 일어나 텅 비어 있는 백지를 마주하는 것처럼 끔찍한 일은 없다. 그래서 그걸 피하기 위해 묘안을 짜냈다. 밤에 일을 끝마칠 때 항상 어떤 사건을 중간까지만 쓰는 것이다. 그러면 다음 날 일어나 책상으로 가서 그 단어를 끝까지 완성하고 문장도 완성하는 것이다. 이 방법은 글이 어떻게든 이어지도록 만드는 효과가 있었다."_요하네스 마리오 짐멜 Johannes Mario Simmel

내게 문학적 글쓰기에 대해 딱히 평가할 역량이 있지는 않지만, 문인들이 느끼는 창작의 고통에 대해서는 어렴풋이나마 이해할 수 있을 것 같다. 문학은 하나의 세계를, 독자가 이해할 수 있는 언어로, 쥐락펴락할 수 있는 이야기로 창조하는 것인데 그 정도의 고통이 없을까? 그럼에도 이건 너무 처절한 것 아닌가? 그들은 이미 글쓰기의 달인이 된 게 아니었던가?

내적 저항에서 벗어나는 법

내로라하는 작가들도 매번 글쓰기의 고통을 호소한다. 시인이자 소설가인 김형수는 그 이유에 대해 이렇게 말한다.

"내적 저항이라는 말이 있습니다. 작가가 글을 쓸 때 어떤 분들은 천부적인 재능이 있어서 그냥 휘갈길 것으로 생각하는데 사실은 그렇지 않습니다. 문학적 자부심이 큰 사람은 자기 눈높이 때문에 한 구절 한 구절에 상당한 공력을 들이지 않을 수가 없습니다. 그런 까닭에 작가들은 글 쓰는 걸 꽤 무서워합니다. 쓰고자 하는 것이 있어도 엄두가 나지 않을 때가 많아요."

작가 중에는 글쓰기 전에 샤워를 하거나 달리기를 하는 등등 자신만의 버릇을 갖고 있는 경우가 많다. 어니스트 헤밍웨이는 가능하면 해가 뜨자마자 글을 썼다. 글 쓰는 장소는 주로 자택 침실이었는데, 따로 작업실이 있었지만 그는 침실에서 글을 쓰는 걸 더 좋아했다. 그러다 등장인물들이 자신을 한계에 밀어붙일 때만 작업실로 올라갔다. 영국 소설가 서머셋 모옴은 매일 오후 12시 45분까지만 글을 썼다. 그는 오후 1시가 되면 뇌가 죽는다고 철저하게 믿었다.

재미예찬론자이자 문화심리학자로 다수의 베스트셀러를 낸 김정운 전 교수는 글을 쓸 때 조명을 가장 중요하게 생각한다고 한다. 은은한 등을 켜놓고 음악을 틀어야 비로소 글이 나온다고 그는 생각한다. 이런 독특한 습관도 글쓰기의 괴로움과 관련이 있다. 이것은 어떻게든 책상에 앉기 위한 몸부림이다. 내적 저항과 싸우려는 방편으로서 말이다.

나 같은 일반인에게도 내적 저항은 찾아온다. 이때 내가 반복하는 행동 패턴이 있다. 늘 그렇듯 일찍 일어난다. 물론 글을 쓰기 위해서다. 바로 컴퓨터를 켠다. 그 사이 커피나 차를 끓인다. 컴퓨터에 앉아 일단 뉴스 기사를 본다. 글쓰기를 위한 시동을 걸기 위해서다. 두 개의 모니터에 작업판을 띄워 놓는다. 그래도 글을 쓰기 위한 시동이 걸리지 않은 것 같아 나의 페이스북을 열어 본다. 이렇게 30분쯤 시간이 흐르면 좀 쉬어야겠다는 생각이 든다. 그냥 앉아 있거나 눕는 건 쉬는 게 아니다. 기왕이면 설거지를 하며 머리를 식힌다. 마무리를 할 즈음에 누군가 깨어난다. 주로 딸이다. 아내가 혹은 내가 밥을 차린다. 밥을 먹고 샤워하고 출근할 준비를 한다. 이렇게 아침 두 시간을 알차게 보내고 글쓰기는 또 다음으로 미룬다.

이 난관을 어떻게 해야 할 것인가? 내가 찾은 이를 극복하는 방법이 있다. 아직 미완이긴 하지만, 일을 잘하는 것보다 쉽게 하는 방법을 선택하는 것이다. 힌트는 바로 '빨리 쓰는 것'이다. 딴짓을 하지 않게 몇 자라도 쓰는 것이다. 때론 한 줄만으로도 큰 힘이 된다. 이런 간단한 행위만으로도 내적 저항에서 어느 정도 벗어날 수가 있다.

쉽고 자유롭고 즐겁게
글을 쓰는 법

글쓰기를 어렵지 않게 생각한다는 게 말처럼 쉽지 않다. 뭐라도 쓰는 게 좋다는 것은 어느 정도 글쓰기 훈련이 되지 않으면 받아들이기 참으로 난감한 조언이다. 특히 글쓰기가 습관화되지 않은 단계에서는 고민이 이만저만이 아니다.

보통 글쓰기를 겁먹게 만드는 데에는 다음의 세 가지 요소와 고민이 있다.

첫 번째, '주제'. 무엇을 쓸 것인가. 느낌만 있지 주제가 없는데 글을 써도 될까.

두 번째, '대상'. 누구를 위해 글을 쓸 것인가. 누가 내 글을 읽을까. 과연 도움이 될까.

세 번째, '방법'. 어떻게 쓸 것인가. 쓸 거면 잘 써야 하지 않을까.

이런 생각이 글쓰기를 시도조차 하지 못하게 만드는 내면의 장애물이다. 어떻게 할 것인가? 가장 강력한 실행안은 '빨리 쓰고 빨리 수정하는 것'이다. 작가 앤 라모트Anne Lamott는 《쓰기의 감각》에서 글을 쓸 때 부딪히는 도전에 대해 이렇게 말한다.

"하나의 작품을 완성하는 데 중요한 것은 '정말 엉망진창인 초안'을 써보도록 자신에게 허락하는 것이에요. 정말 엉망인 초안을 써보면 두 번째 안은 더 좋아지고 세 번째는 더 훌륭한 작품이 나올 확률이 높아지죠. 다 쓰고 나서야 자기가 무엇을 쓴 건지 깨닫는 작가들이 대부분이에요."

앤 라모트의 말은 글 쓰는 사람들에게 그리 이상하게 들리지 않는다. 자연과학자로서 30권이 넘는 책을 낸 최재천 교수도 이렇게 말한다.

"일단 쏟아내야 합니다. 머릿속에서 완벽하게 만들어서 꺼내놓기보다 우선 꺼내놓고 글을 고치는 것이 천 배 만 배 탁월한 전략이에요. 문장력이나 글 솜씨에 대한 걱정은 집어 던지세요. 글의 내용이 중요하지 형식이나 문장력은 그다음이에요."

이들의 말처럼 수많은 글을 써낸 작가들은 한결같이 "읽히기 위한 글을 너무 의식하지 말라."고 이야기한다. 직업으로서의 글쓰기가 아닌 이상 독자를 굳이 염두에 둘 필요가 없다는 의미다. 이런 이야기들은 대가들에게도 글의 주제를 잡고, 이야기의 얼개를 갖추고 쓰는 것이 보통 일이 아니라는 증거다. 그래서 그들은 '일단 시작하기'를 강조한다.

그러나 말이 쉽지 우리의 몸은 꿈쩍도 하지 않는다. 인간의 몸은 '항상성의 원리'가 작동되도록 설계되어 있기 때문이다. 항상성은 환경에 적응하기 위해 외부의 영향에도 균형이 무너지지 않게 하려는 경향을 말한다. 살기 위해 끊임없이 자기 몸을 조절하는 것이다. 예를 들어 체온은 1도만 높아져도 몸에 이상이 오게 되며 신호를 보낸다. 몸의 항상성이 무너진 상태로 오래가면 필히 병에 걸리게 되고 회복이 안 되면 죽음에 이른다.

마음도 마찬가지다. 예전에 나와 같이 일했던 베테랑 작가가 한번 이런 말을 한 적이 있다. "피디들은 한 번 크게 성공하면 그다음 방송 아이템을 고를 때 무척 신중해지는 것 같아요." 사람이 매번 성공할 수 있는가? 이 말은 이전에 했던 큰 성공 수준을 유지하기가 어려워서 심리적으로 위축된다는 의미다. 꼭 성공이 아니더라도 일단 업무에 익숙해지면 지속해서 안정적인 수준을 유지하고 싶어 하는 것이 인간이다. 노력을 적게 해도 업무를 능숙하게 할 수 있는데 왜 굳이 변화를 택하겠는가.

이처럼 어제와 같은 상태에 머무르는 것은 살면서 가장 편안하고 안정적인 방법이다. '습관' 혹은 '타성'이 그 대표적인 예다. 학생들이 강의실에 가서도 같은 자리에 앉으려고 하는 이유도 그래야 편안함을 느끼기 때문이다. 한 번 습관으로 굳으면 그것을 웬만해선 바꾸기가 힘들다. 혹자는 '사람은 변하지 않는다'라고 말한다. 그래서 훈련이 필요하다. 원리는 마음을 조작하는 것이다. '바꿔도 괜찮다' 혹은 '바꾸니 좋다'는 느낌을 받으면 다시 그 방향으로 항상성이 생긴다. 마음을 조작하는 건 마음이 아니라 행동이다. 일단 한 번 해보고 작은 성공을 경험하면, 나를 짓누르던 압력도 어느덧 느슨하게 풀리기 시작한다. 새로운 항상성이 내 안에 세팅되었기 때문이다. 글쓰기에서도 일단 처음의 몇 줄 쓰기가 그래서 중요하다.

시작은
메모부터

글쓰기는 언제나 어렵다. 쉬워서 자주 쓰는 게 결코 아니다. 특히 평소에 업무 외에 글을 쓰지 않는 사람들에게는 더더욱 어려울 것이다. 그들은 '글쓰기'라는 말 자체를 부담스러워 한다. 하지만 '메모하기'라고 하면 전혀 다른 이미지가 떠오른다.

말이 안 돼도 그냥 적는 게 메모다. 이것은 문장이 아니라 그저 단어의 나열에 가깝다. 하지만 글이 단어에서 시작된다는 걸 생각해보면 메모는 단순히 적기 수준을 넘어서는 행위이다. 제대로 된 글쓰기의 전 단계로서 메모는 아주 유용하다. 메모는 들이는 수고에 비해 장점 또한 정말 많다. 한마디로 가성비가 좋다. 메모의 장점에 대해서는 많이 알려져 있기도 하며, 많은 책에서 다루었지만 내가 경험한 바를 바탕으로 다섯 가지로 그 장점을 정리해보았다.

첫째, 기억의 한계를 보완해준다. 나는 사회생활을 하면서 메모하는 습관이 생겼는데 그 이유가 워낙 자주 무언가를 잊어버리기 때문이었다. 메모를 하며 기억 용량의 스트레스에서 해방되면 나머지 시간은 더 자유로워진다.

둘째, 기록으로 남기게 되면 일의 우선순위가 생긴다. 해야 할 업무를 확인하기 위한 메모는 이제 직장인에게는 익숙한 일과 중 하나다. 쓰기 위한 메모도 글쓰기를 빨리할 수 있게 도와준다.

셋째, 메모는 생각을 구체화한다. 프랜시스 베이컨Francis Bacon 은 '독서는 완성된 사람을 만들고, 담론은 재치 있는 사람을 만들며 필기는 정확한 사람을 만든다'고 했다. 글에는 어쨌거나 형식이 있다. 대충이라고 생각해도 글을 쓰게 되면 어느 정도 정확하게 쓰려고 노력하게 된다. 쓰지 않은 생각은 막연해지고, 막연한 생각은 증발하게 될 뿐이다.

넷째, 메모는 아이디어를 연결시킨다. 메모는 단어와 단어의 나열이다. 문장이라고 말하기에는 어설프다. 그런데 이 단어들이 우연히 만날 때 예상도 못한 새로운 아이디어가 나오게 된다.

다섯 째, 메모 자체가 바로 글쓰기의 시작이다. 글쓰기 습관의 가장 작은 행동이 바로 메모다.

사이토 다카시는 "2,000자의 벽을 넘는 순간 어떤 글도 잘 쓸 수 있다"고 강조한다. 그것이 그가 책을 많이 쓸 수 있었던 비결이었다고 한다. 2,000자는 원고지로 10장 남짓, A4 용지로는 한 장 반 분량이다. "5킬로미터를 달릴 수 있게 되면 그다음은 7킬로미터, 10킬로미터로 거리를 늘릴 수 있습니다. 그러다 보면 달리기 거리를 늘리는 것 자체가 매우 즐거워집니다. 이와 마찬가지로 쓰는 힘이 생기면 쓰는 양을 늘리는 것에 재미를 느끼게 됩니다."

사이토 다카시의 말을 글쓰기에 응용해볼 수 있다. 다섯 줄을 쓰면 그다음은 일곱 줄, 열 줄을 쓸 수 있게 된다. 그러다 보면 글쓰기에 대한 자기효능감도 함께 높아진다. 글쓰기를 더 잘하고 싶어진다. 메모는 매끄럽지 않아도 문장으로 가기 전 단계다. 이미 충분한 잠재력을 가지고 있다. 무엇보다 그 메모는 내 첫 생각을 그대로 간직하고 있는 소중한 자산이다.

메모의 힘

위에서 언급한 다섯 가지의 장점을 실제로 살펴볼 수 있도록 내가 평소 메모한 내용을 여기에 소개하고자 한다. 그때그때 바로 기록하기 편한 SNS(주로 페이스북)를 많이 활용한다. 다음은 메모를 아주 살짝만 고친 글이다.

2018년 2월 21일

귀리의 힘!/하루에 귀리 우유 한 잔!/쌀값의 3분의 1/간단한 조리!

다이어트 비법을 소개하는 예능 방송을 보고 '나도 한번 해볼까?' 하는 마음에 페이스북에 몇 자 적었다. 사실상 메모 수준이다. 그리고 5일 뒤 귀리 우유를 먹기 시작했고, 그렇게 2주가 지나자 나에게 놀라운 일이 일어났다. 이 믿을 수 없는 변화를 주위 사람들과 공유하고 싶은 욕구가 생겨 다음의 글을 올렸다.

2018년 3월 10일

귀리 우유를 먹은 지 2주 만에 2킬로그램이 빠졌다. 다이어트 식품으로는 최강 아닐까? 귀리는 슈퍼푸드다. 쌀과 칼로리는 비슷하지만, 단백질과 미네랄이 풍부하다. 특히 중성지방을 분해하는 데 탁월해서 혈관 건강에 효과적이다. 쌀보다 식이섬유(베타글루칸)가 열두 배나 높아 변비 예방에도 좋다. 우유와 함께 먹을 경우, 포만감도 즉시 확인 가능하다. 아침에 먹으면 점심을 먹을 생각이 많이 줄어든다. 맛도 고소해서 간식으로도 좋다.

· 귀리 우유 만드는 방법 (가격도 싸고 생각보다 번거롭지 않음.)

1) 귀리를 물에 30분~3시간 불린다. 오래 불리면 불릴수록 부드러워져 식감이 더 좋아진다. (귀리 자체는 식감이 거친 편이다.)
2) 물을 덜어내고 불린 귀리를 프라이팬에 볶는다.(10~20분. 오래 볶을수록 더 고소해진다.)
3) 볶은 귀리를 우유에 섞어 마신다.

내 체중이 줄었다는 사실에 귀리 우유에 관한 자료 조사를 통해 정보를 입혔다. 실제로 내가 체중이 줄어서 스스로 그 원인이 무엇인지 궁금해서 찾아본 정보였다. 글을 올리자 많은 사람들이 반응을 보였다. 심지어 나에게 '은인'이라고 고마워하는 사람도 있었다. 이후로도 계속 어떻게 진행해나가는지 알려달라는 댓글도 적지 않았다. 그리고 세 달 뒤 나는 내 몸이 변화된 내용을 적어 SNS에 올렸다.

2018년 6월 1일
체중 감량 중간 점검.
마이너스 3킬로그램에서 마이너스 4킬로그램 사이를 한 달째 보합중.
귀리 우유 마시기 4개월 차, 과연 마이너스 4킬로그램을 돌파할 것인가?

- 성과 요인

  1. 예전에는 아침을 거의 안 먹었는데 지금은 자주 먹는다. 점심은 거의 먹었는데 지금은 대부분 안 먹는다. 저녁은 꼭 먹었는데 지금은 반은 먹고 반은 안 먹는다.
  2. 하루에 우유 500밀리미터. 귀리 한 주먹. 간식으로 아몬드
  3. 식사 때 밥은 반 공기
  4. 면은 사실상 끊었다. (습관이 되니 의외로 스트레스 없음)
  5. 주 2회 가벼운 운동 그리고 매일 걷기

- 변화

  1. 허리 통증 대폭 개선
  2. 복부 모양 덜 추함
  3. 얼굴에 각 생김
  4. 식욕 정상화. 음주 욕구 떨어짐
  5. 피부 약간 좋아진 듯
  6. 콜레스테롤 수치 낮아지지 않았을까? (가장 큰 기대 목표)

이 글을 올리고 난 후 내 주변 반응은 크게 세 가지로 나뉘었는데, 대다수가 "좀 빠진 것 같은데?"라는 의례적인 말이었고, 이어서 "좋아 보인다"는 반응과 함께 친한 친구들은 "이상해. 5년은 늙어 보여!"

라는 말을 남겼다. 이들의 시각 차이는 어디서 오는 걸까? 마치 성형한 사람을 보는 시선과 비슷한 걸까? 사람의 고유성을 중요하게 보는 사람에겐 성형한 사람이 어색하게 보이는 것처럼 말이다.

　나는 6개월 만에 마침내 의사가 권고한 체중의 5킬로그램 감량에 성공했다. 체중 감량에서 빼놓을 수 없었던 나만의 비결은 SNS의 기록이었다. 나는 매일매일은 아니지만, 체중에 조금이라도 변화가 있으면 기록했다. 헬스클럽에 간 날도 숫자로 기록했다. 2018년 8월 25일이 100번째 운동한 날이었다. 이런 숫자 앞에 감격하지 않을 사람이 있을까? 또한 격주마다 헬스클럽에 있는 체성분 분석기를 이용해 측정하고 결과를 프린트해서 비교했다. 그리고 이따금씩 체중 감량으로 느끼는 기분을 SNS에 올렸다. 이처럼 평소 몰랐던 식습관도 기록하면 보인다. 기록은 실행 의지를 높인다. 기록을 경신하면 자기효능감은 높아진다. 자신의 달라진 모습을 확인하는 것만큼 자신감을 높이는 더 좋은 방법은 아마 없을 것이다.

어디에
글을 적나요?

"글을 어디에 쓰세요?"라고 묻는 사람들이 있다. 먼저 질문에 대답부터 하자면 나는 '여러 다양한 방식으로 글을 쓰는 것이 좋다'라고 생각한다. 단순히 처음에 썼던 글을 그대로 복사해서 붙이는 게 아니라, 쓰는 매체에 따라 글의 메시지와 분량이 달라진다.

나의 경우에는 쓰기 노트 세 가지와 메모 노트 두 가지를 활용한다. 어떤 노트는 단순 기록을 남기고, 다른 것은 체계적으로 태그를 붙이며 필요한 정보를 바로 찾아 쓰는 데 사용한다. 또 다른 노트의 경우, 써둔 글에 살이 붙으면 적극적으로 대중에게 공개하기도 한다. 나의 글쓰기는 이런 다양한 노트에서 수시로 수정된다. 다시 말해 엄청나게 글쓰기를 반복·수정하며 연습하고 있는 셈이다. 자연히 글이 점점 좋아질 수밖에 없다.

글을 쓰기 위해 내가 실제 사용하고 있는 다섯 가지 도구가 있다. 먼저 메모 노트로 쓰고 있는 '구글킵'과 '에버노트'가 있다. 구글킵의 가장 큰 강점은 빠르다는 것이다. 쓰는 순간 동기화된다. 별도로 저장하지 않아도 된다. 급할 땐 펜처럼 손으로 쓸 수도 있고, 음성 메모도 직관적이고 꽤 쓸 만하다. 다른 강점으로는 UI User Interface 인데, 포스트 잇처럼 한 번에 여러 장을 볼 수 있는 기능과 더불어 메모를 나의 할 일 목록으로 만들 수도 있어 일의 우선순위를 정할 수 있다.

디지털 메모장이 인간의 암기력을 악화시키고 있다는 우려도 있다. 하지만 이건 나에게 너무 고차원적인 걱정이다. 난 이렇게 답하고 싶다. 디지털 시대에 암기력은 꼭 필요한 것일까? 그 판단은 각자에게 맡기는 수밖에 없다.

아마 대중적으로 에버노트를 쓰는 사람이 많을 것이다. 나는 에버노트를 좋은 기사를 보고 스크랩하는 용도로 주로 쓴다. 에버노트의 클립 기능은 기사에 붙은 광고를 떼고 순 기사만 스크랩해 문서 정리가 깔끔하게 된다. 에버노트의 가장 큰 강점은 검색이다. pdf 파일 내용에 있는 글씨까지 찾아낼 정도로 검색 기능은 강력하다. 글을 쓰기 위해서는 다양한 자료를 수집해야 한다. 에버노트가 없었으면 아마이 책도 세상에 나오지 못했을 것이다. 기사 스크랩을 많이 하는 사람들에게 나는 에버노트를 추천한다.

간단한 메모 외에 본격적인 글쓰기를 위해 사용하는 쓰기 노트는 '페이스북', '블로그', '스크리브너'Scrivener 이 세 가지다. 이중 내가 가장 많이 활용하는 플랫폼은 바로 페이스북이다. 말 그대로 아무 글이나 문장이 된다. 공유할 가치가 있다고 판단되면 글을 올린다. 페이스북은 가벼운 글쓰기에 최적화된 도구로, 간혹 사소하게 쓴 글이 긴 글의 트리거가 될 때도 많다.

SNS 읽기는 일반 미디어와 다른 즐거움을 준다. MIT의 헨리 젠킨스Henry Jenkins 교수는 미디어 이용자들이 적극적으로 미디어를 변형하고 공유하고 정보를 추구하는 현상을 가리켜 '컨버전스'Convergence 라고 정의했다. SNS의 댓글은 나의 콘텐츠에 대한 사람들의 반응이며 동시에 콘텐츠를 구성하는 새로운 요소다. 즉 콘텐츠 범주에 댓글을 포함할 때 전혀 새로운 관점을 제공하기도 한다.

그 다음으로 많이 쓰는 것이 바로 블로그다. 블로그는 확실히 페이스북보다 피드백이 적다. 관계형보다는 개인형이기 때문이다. 하지만 글을 체계적으로 정리하고 보관하기가 좋다. 페이스북은 타임라인 기반이라 글들이 냇물처럼 흘러가는데, 블로그는 디렉토리 구조라 저수지처럼 관리하기가 편하다.

마지막으로 책 쓰기 직전 단계에 주로 활용하는 스크리브너가 있다. 이 프로그램이 완성도가 가장 높다. 물론 대부분의 글은 페이스북과 블로그를 거쳐 수정된 글이다. 그 글들을 스크리브너에 옮겨 다시 다듬고 써서 완성한 글을 볼 때 가장 뿌듯함을 많이 느낀다. 강점은 편집하기 기능으로, 목차를 삽입하고 순서를 바꾸기도 쉽다. 멀티 윈도우 기능은 자료를 보면서 글을 쓸 수 있도록 팔레트까지 제공한다. 편집은 글쓰기를 재밌게 만들고 이에 따라 생산량은 대폭 늘어난다. 쉽게 말해 빨리 쓰게 된다. 마지막으로 구성이라는 개념을 가지고 글을 쓰기 때문에 작가가 된 것 같은 느낌도 든다. 한마디로 이 프로그램은 자기효능감을 높이는 데 최고의 문서작성 프로그램이다. 실제 자신의 글을 객관적인 비평가의 눈으로 읽게 되면 그 글은 더욱 좋아진다.

이처럼 내가 글을 쓸 때 사용하는 도구들은 컴퓨터와 인터넷, 그리고 모바일에 존재한다. 10년 전, 20년 전에는 상상도 못했던 도구들이다. 나는 IT의 과도기를 지나온 세대다. 대학교 1학년 때는 리포트를 손으로 써서 제출했고 워드프로세서를 활용하기 시작한 건 대학교 2학년 때였다. 군대를 다녀와 복학한 해에는 이미 온라인 웹이 사람들의 생활로 깊숙이 들어와 있었다. 나는 그때부터 이메일을 쓰기 시작했고, 손으로 편지를 쓰는 일은 가끔 있기도 했으나 손글씨는 시간이 지나면서 점차 사라지기 시작했다.

쓰기 도구의 변화에는 명암이 있다. 지금은 그때처럼 깊이 생각하고 쓰지 않는다. 글을 고쳐 쓰기가 워낙 쉬워졌기 때문이다. 인터넷 시대에는 선택의 폭이 훨씬 넓어졌다. 모바일이 그 자리를 어느 정도 대체하고 있으며 앞으로는 더 많은 좋은 도구들이 등장할 것으로 생각된다.

그리움은 있지만 아쉬움은 없다. 중요한 건 나의 선택이다. 글을 삶으로 받아들이는 데 이런 도구들이 좋은 역할을 한다면 그 명암을 따지는 일이 그리 중요할 이유가 없다. 이 도구들이 나의 글쓰기 토양을 비옥하게 해준다면 감사히 쓰면 그만이다.

처음부터
고치지 않는다

이제 누구나 글을 쓸 수 있고, 누구나 작가가 될 수 있는 시대라고 말한다. 하지만 이런 조언은 글쓰기에 익숙하지 않은 사람에게 그다지 도움이 되지 않는다. 글쓰기가 두려운 사람들에게는 애초에 들리지도 않는 말이다. 그렇다고 글쓰기 강좌를 신청해서 듣는 일은 여간 귀찮은 일이 아니다.

먼저 이 길을 걸어간 사람들로부터 조금 더 친절한 설명을 들어보자. 문학 교수이자 작가인 사이토 다카시는 "그렇게 책을 많이 쓸 수 있는 비결이 무엇입니까?"라는 말에 이렇게 답했다.

"아마 글 쓰는 일을 그다지 엄숙하게 생각하지 않기 때문이겠죠.

마치 옷을 입고 벗는 것처럼, 때가 되면 밥을 먹는 것처럼 자신의 머 릿속에 떠오르는 단상이나 아이디어를 언제 어디서나 그냥 풀어놓는 방법을 익히는 데 성공했기 때문입니다.”

이 말은 결국 자신이 쓴 글을 고치는 것에 집착하지 말라는 조언이 다. 남을 지나치게 의식하지 말라는 의미다. 나는 이를 ‘첫 느낌 쓰기’ 라고 말하고 싶다. 내가 주로 처음으로 글을 쓰는 공간은 메모장이나 SNS다. 그중에 마음이 가는 글은 살을 붙여 블로그로 옮긴다. 처음부 터 글을 길게 쓰는 경우는 드물다. 왜 이런 패턴이 반복되는가 생각해 봤다. 바로 ‘첫 느낌’ 때문이다. 나를 휘감는 ‘느낌’은 자주 찾아오지 않는다. 그리고 잠시 딴 생각이라도 하는 순간 날아가버린다. 아무런 흔적도 없이. 이 문제를 해결하기 위해 내가 선택한 방법은 최대한 즉 시 쓰기다. 이때는 블로그보다 SNS가 좋다. 컴퓨터보다는 모바일이 좋다.

자유롭게 쓰기만 하면 된다

오랫동안 대학에서 학생들을 가르친 우치다 다쓰루 교수는 ‘왜 학 생들의 글은 재미가 없을까’ 하고 고민했다. 그는 그 이유를 우리에게 길들어진 평가의 함정에서 찾았다. “어떤 글을 쓸까 고민하는 것보다 이 글이 몇 점을 받을까 하는 생각이 우선되다 보니 이 정도면 되겠지 하는 마음이 발동한다”는 것이다. 즉 글쓰기는 내면의 평범함의 경계

선을 뚫고 나가는 일인데 그것을 감독관이 검열한다는 뜻이다. 감독관은 우리에게 계속 속삭인다. '너무 하찮은 생각 아니야?' '그런 엉터리 글이 어딨어?' 논리로 무장한 나의 뇌는 현실을 정확히 꼬집지만 이런 엄격한 충고에 넘어가면 한 발짝도 나아가지 못한다.

그렇다고 해서 글쓰기 수업을 많이 듣는 것과 실제로 글을 쓰는 것은 전혀 다른 차원의 일이다. 이를 돌파하는 방법은 꿈틀거리는 힘에 기대어 그냥 쓰는 것이다. 물론 이것 역시 쉬운 일은 아니다. 이 어려움을 극복해낸 마크 트웨인의 고백을 참고해보자. 그의 자서전은 벤자민 프랭클린, 헨리 애덤스와 함께 미국의 3대 고전으로 꼽히는데, 그는 자서전을 통해 자신이 글을 쓰는 어려움과 그것을 극복해낸 방법에 대해 이야기했다.

마크 트웨인은 1877년 42세에 자서전을 쓰겠다고 결심했지만 실제 그 일을 착수한 건 1904년이다. 그의 길고 긴 방황을 끝내는 데 무려 27년이나 걸린 것이다. 자신의 이야기를 솔직하게 쓴다는 건 그만큼 어려운 일이다. 긴 방황 끝에 그가 찾은 방법은 바로 '자유 기술'이었다.

마침내 1904년 플로렌스에서 자서전을 집필하기 위한 제대로 된 방법이 떠올랐다. 내 삶의 특정한 시점에서 시작하는 것이 아니라 자유의지가 이끄는 대로 인생 전체를 방랑하는 것이다. 순간 자신에게 흥미로운 것에 대해서 말하는 것이다. 흥미가 희미해지는 순간 얘기를 멈추고 그때 마음속으로 밀고 들어오는 새롭고 좀 더 흥미진진한 일로 말머리를 돌리는 것이다.

노동을 즐거움으로 전환한 키워드는 '자유로운 시작'이다. 이와 관련해서 사이토 다카시 교수는 글을 쓸 때 기승전결 중 '전'을 먼저 생각해보라고 한다. 완성된 글은 기승전결의 구조를 갖지만 생각의 발생 순서로 보면 '전'이 제일 우선이라는 의미다. 인생이 질서정연하지 않은 것처럼 생각 역시 발생하는 순서로 보면 논리적이라고 할 수 없다. 우리가 글을 쓰면서 첫 문장에서 종종 막히는 이유는 생각의 순서와 글쓰기의 순서가 다르기 때문에 오는 혼란에서 비롯된다.

그래서 사이토 다카시는 '전'이 정리되면 '기'와 '승'은 완성된 것이나 다름없다고 주장한다. '전'은 바로 첫 느낌이다. 어쨌든 '전'을 쓰면 기승결은 갖춰지게 된다. 이제 글이 시종일관 술술 풀릴 거라는 기대만 낮추면 된다.

찰나의 순간에 쓴 문장이 갖는 힘

앞서 말했듯 나의 글쓰기는 우연히 쓴 세 문장에서 시작됐다. 10대에서 30대까지 준비만 하는 삶에 대한 반성이 그 시작이었다. 이를 활자로 만들어낸 순간은 우연이었지만 그것이 나에게 계속 글을 쓰게 만드는 힘이 됐다.

번쩍하고 타오르는 첫 느낌. 내 심장을 흔들었던 순간. 느낌과 생각은 첫 문장으로 나오는 순간 전혀 다른 운명으로 나를 끌고 간다. 잘 쓰든 못 쓰든 일단 쓰는 것이 중요하다. 만약 내가 '10대는 좋은 대학에 가기 위해 수능에 매달린다'라는 표현이 촌스럽다고 만지작거리기 시작했다면 어땠을까? 다음 문장을 기대할 수 있었을까? 실제로 이 문장은 누가 보더라도 명문장은커녕, 어떤 감흥도 주지 않는 평범한 문장이다.

찰나를 찍은 사진은 구도 면에서 봤을 때 조금 아쉬워도, 편집이 따라올 수 없는 에너지가 있다. 다시 자세를 잡고 사진을 찍으려고 할 때 우리는 처음 본 그림이 안 나오는 걸 종종 경험한다. 이것이 바로 사진의 진짜 힘이 피사체에 있는 것이지 구도에 있는 게 아니라는 증명이다. 글도 마찬가지다. 마음속의 강력한 힘은 나만 알 수 있다. 그 힘은 문장으로 나타날 때 훨씬 강력해진다.

작가 앤 라모트는 "완벽주의는 당신의 글쓰기를 망치고, 창조성과 장난기와 생명력을 방해한다."고 말한다. 작은 성공을 경험하는 게 관건인데 완벽주의는 이를 가로막는 가장 큰 장애물이라는 것이다. 그렇기 때문에 글을 쓴 후, 처음부터 고치지 않고 그대로 두는 것은 아주 중요한 일이 된다.

모든 작가는
자신의 이야기로 글을 쓴다

'영국에 셰익스피어가 있다면 미국에는 헤밍웨이가 있다.'

이 말은 미국인들이 헤밍웨이에 대해 갖고 있는 자부심이 얼마나 큰지를 잘 보여주는 말이다. 그런 헤밍웨이가 극찬하는 작가가 있다. 바로 마크 트웨인이다. 헤밍웨이는 "현대 미국 문학은 마크 트웨인의 《허클베리 핀의 모험》이라는 책 한 권에서 비롯되었다. 그 이전에는 아무것도 없었다. 이후에도 그만큼 훌륭한 작품은 없었다."라고 말할 만큼 마크 트웨인에 대한 강한 존경을 드러냈다.

마크 트웨인은 미국 현대 문학의 효시로 평가받는 인물이다. 그러나 그는 글쓰기 교육은 물론이고 제대로 된 정규교육을 받은 적도 없다. 집안이 어려워 초등학교도 간신히 졸업했지만, 그는 책을 손에서 놓지 않았다. 그러다 차츰 문학에 매료되어 어느 날부터 잡지에 기고를 시작했다. 그는 32세에 첫 단편집 《뜀뛰는 개구리》를 내놓았고, 40대에 《톰 소여의 모험》, 《왕자와 거지》를 히트시키며 마침내 당대 최고의 작가로 인정받았다.

제대로 된 교육을 받지 못한 마크 트웨인을 대작가로 키운 것은 글쓰기 공부가 아니라 경험이었다. 특히 그가 어릴 때 미시시피 강을 놀이터 삼아 뛰어놀던 경험은 어떠한 대학 교육으로도 대체할 수 없는 경험이었다. 그의 자전적 소설로 설명되는 《톰 소여의 모험》이 이 사실을 증명한다. 소설 속 사건들은 어린 트웨인이 경험하거나 목격했던 사실에 그 뿌리를 두고 있다. 소설 속 동생 시드는 두 살 아래 동생인 헨리를 모델로 하고 있다. 작품의 주인공 톰은 트웨인의 실제 친구들의 성격을 모두 합친 인물이며, 그 자신도 끊임없이 장난과 모험을 즐기는 아이였다. 흑인들의 사투리를 사실적으로 묘사하고 사람들의 위선을 정교하게 꿰뚫어내는 것도 바로 그의 어린 시절 경험에서 유래한다.

경험이라는 트리거

때론 어린 시절의 소소한 경험이 훗날 재능의 불씨가 되기도 한다. 아름다운 추억이 삶의 중요한 기준이 되기도 하고, 습관이 인재로 거듭나는 데 발판이 되기도 하며, 작은 일화가 평생의 진로를 열어주기도 한다. 특히 글을 쓰는 작가에게 있어 경험은 글과 떼어 놓고 생각할 수 없을 정도로 큰 영향을 미친다. 글쓰기에 있어 자신이 직접 체험한 것만큼 생생하게 그것을 표현할 수 있는 글감이 또 있을까? 펄벅이 선교사인 부모를 따라 중국으로 가지 않았다면《대지》라는 작품이 과연 세상에 나올 수 있었을까?

괴테에게 세계적인 명성을 가져다준《젊은 베르테르의 슬픔》역시 그의 경험을 바탕으로 한 소설이다. 20대 초반의 괴테는 헤센 주에 사는 로테라는 소녀를 보고 사랑에 빠지게 된다. 소설처럼 로테는 이미 약혼한 상태였고 괴테는 죽고 싶을 만큼 절망에 빠진다. 소설에서 베르테르는 괴테의 고통을 대신한 분신이다. 소설 속 분신 덕분에 괴테는 자신의 진짜 고통에서 벗어날 수 있었다.

헤밍웨이의 작품 가운데 특히 삶에 대한 묘사가 빛을 발하는 이유도 모두 그의 진짜 경험 덕분이다. 그도 자기 자신을 가리켜 '경험을 바탕으로 글을 쓰는 작가'라고 말한다. 헤밍웨이가 쓴《노인과 바다》, 〈큰 두 갈래의 강〉Big Two-Hearted River 등의 작품에 자연이 잘 묘사되어 있는 것은 그가 사냥과 낚시를 좋아한 아버지를 따라다니며 놀았기 때문에 가능한 일이었다. 아버지가 그랬던 것처럼 낚시와 사냥 그리고 술과 이야기는 그대로 그의 평생 취미가 됐다.

이뿐만 아니라 그의 단편집《우리들의 시대에》는 헤밍웨이가 성장하며 겪은 일들을 바탕으로 한다. 제1차 세계대전이 발발했을 때 그는 구급차 운전 장교로 전쟁에 참여했는데, 당시 일곱 살 연상의 간호사를 사랑했던 경험은 《무기여 잘 있거라》의 소재가 됐다. 그는 이 작품으로 단번에 세계적인 작가의 반열에 오르게 된다.

그의 아프리카 여행 경험은 《아프리카의 푸른 언덕》을 낳았고, 《킬리만자로의 눈》을 쓰는 계기가 됐다. 스페인 내전을 배경으로 하는 《누구를 위하여 종은 울리나》도 그가 전쟁 통에 직접 겪은 전우애를 배경으로 한다. 우리에게 가장 유명한 《노인과 바다》는 그의 친구 푸엔테스의 이야기다.

문학의 거장들을 조금 더 살펴보자. 덴마크의 동화작가 안데르센의 아버지는 구두 수선공이었다. 시간이 나면 역사책과 성경을 읽고 깊이 사색할 정도로 학구적인 사람이었으나 가난 때문에 그는 학자의 길은 꿈도 꾸지 못했다. 그의 어머니는 이름조차 제대로 쓰지 못할 정도로 배움이 짧았다. 안데르센은 수도원에 있는 학교에 입학하게 되는데, 친구들은 그의 비쩍 마른 몸과 창백한 얼굴을 보고 놀려대기 일쑤였다. 그 괴롭힘을 견디지 못한 안데르센은 학교를 그만두게 된다. 설상가상으로 아버지마저 돌아가시자 어머니는 더 많은 일을 해야 했고, 어린 안데르센도 공장을 전전하며 일을 해야 했다. 이런 환경에서 그는 어떻게 세계적인 동화작가가 될 수 있었을까? 안데르센은 이렇게 말한다.

"내가 살아온 인생사가 바로 내 작품에 대한 최상의 주석이 될 것이다."

가난과 결핍이 어우러져 만들어낸 경험은 그에게 더할 나위 없는 좋은 자양분이 됐다. 그가 쓴 《인어공주》는 자신이 끝내 이룰 수 없었던 사랑의 아픔을 담아낸 작품이다. 《성냥팔이 소녀》는 그의 어머니가 구걸에 가까운 일을 해야 했던 시절의 이야기를 소재로 삼은 것이다. '못난 오리새끼'가 '아름다운 백조'가 되는 과정을 그린 《미운 오리새끼》는 깡마르고 못생긴 외모로 놀림을 받았던 안데르센의 삶 그 자체였다.

작가 파울로 코엘료는 이렇게 말했다.

"아무것도 없는 곳에서 뭔가를 꺼낼 수는 없습니다. 책을 쓸 때, 본인의 경험을 이용하십시오."

자신의 경험을 기록하면 글이 된다. 그것을 더 아름답게 쓰면 문학이 된다. 있었던 일을 쓰는 것은 글쓰기의 좋은 출발이다.

내가 글 쓰는 법 1.
눈덩이 만들기

나는 글쓰기를 놀이라고 생각한다. 놀이가 아니라면 설명할 길이 막힌다. 글쓰기로 내가 받게 되는 썩 괜찮은 물질적 보상은 별로 없다. 관건은 글쓰기를 정말로 놀이라고 느끼게 만드는 것이다. 내가 철석같이 믿는 진실이 하나 있다. '내가 해냈다'는 경험만 누적되면 그 다음부터 글쓰기는 놀이에 가까워진다.

지금부터 내가 글 쓰는 프로세스를 소개하겠다.

가장 먼저, 표현하고 싶은 게 있으면 몇 자라도 기록한다. 짧게라도 기록하는 건 글쓰기의 출발이다. 주제 의식이 뚜렷하지 않아도 일단 쓰고 그 흔적을 남긴다. 흔적은 비록 막연하더라도 이것은 다음 생각에 대한 힌트를 준다. 흔적을 눈으로 보면 수정하고 싶어진다. 개선하고자 하는 유능성 욕구를 자극하기 때문이다.

이와 관련하여 나는 주로 스마트폰 메모장을 활용한다. SNS에 글을 올리기 전 단계이니 나는 무한의 자유를 느낀다. 문장의 완성도는 전혀 신경 쓰지 않는다. 논리적인 순서도 생각하지 않는다. 피드백보다 그때의 생각을 기록하는 게 우선이다. 나의 글쓰기 시작은 거의 메모에 가깝다.

2018년 2월 26일
외롭지만 나쁘지 않은 시간.

이런 식의 메모는 나만 알아볼 수 있는 문장이다. 이날은 글쓰기와 관련한 생각을 한 줄 적었다. 글을 쓸 때의 느낌에 대해 나름의 정의를 내린 것이다. 또 다른 메모는 글쓰기와 트리거에 대해 생각해본 날 적은 다음의 글이다.

2018년 3월 10일
덕수궁에 다녀왔다. 그렇다고 덕수궁에 대한 글을 쓰고 싶은 건 아니다.

무슨 말인지 잘 모를 수도 있다. 평소 가지 않던 고궁에 가게 돼서 무언가 글감이 있을 것이라고 기대했는데, 현실은 그렇지 않았다. 굳이 짧게 기록으로 남긴 이유는 모든 경험이 다 글로 연결되지 않다는 것을 나름 깨달았기 때문이다.

이처럼 메모는 나의 짧은 생각들을 왕성하게 연결해주며, 생각을 글 덩어리로 만들어준다. 예를 들어, 나는 어느 날 가수 김태원의 아버지가 직접 쓴 육아 일기에 대한 글을 읽은 적이 있었다. 나는 '김태원 아버지의 육아 일기와 나'라고 메모를 했다. 그리고 내가 쓰고 있는 육아 일기와 연결시켰다. 연결시켰다기보다는 연결되었다고 말하는 편이 더 정확할 것이다. 너무나 자연스럽게 이어졌기 때문이다.

글쓰기 습관과 관련해서는 그것이 어디가 되든 매일 몇 줄이라도 쓰는 게 좋다고 조언하는 사람들이 많다. 서민 교수는 기생충 학자이지만 글쓰기로 더 유명해졌다. 정치에서 사회까지 다양한 이슈에 거침없이 목소리를 내면서 그는 SNS 스타가 됐다. 어려서 말을 더듬어 글에 대한 콤플렉스가 많았던 서민 교수는 남다른 연습을 했다. 그는 논문을 너무 못 써서 글쓰기에 본격적인 관심을 갖게 됐다. 글을 잘 쓰기 위해 매일 2편 이상의 글을 10년 이상 써왔다고 한다. 그의 표현에 의하면 '지옥훈련'이 따로 없었다고 한다. 그 결과 그는 글쓰기에 관한 책을 낼 정도로 많은 이들에게 그 실력을 인정받고 있다.

누구나 일정한 분량을 꾸준히 쓸 수만 있다면 시간이 지난 후 글을 잘 쓰게 된다는 건 자명하다. 하지만 난 매일 꾸준히 쓰라는 조언에 대해 다르게 생각하는 편이다. 매일 무언가를 한다는 건 그리 쉬운 목표가 아니다. 할 말이 없는데 무언가 말을 한다는 건 거북한 일이다. 글쓰기는 매일 물 한 잔 마시기보다 어려운 일이다. 작은 성공 경험에 걸림돌이 될 수도 있기 때문이다.

대신 나는 뭔가 떠오를 때만 쓴다. 매일 쓰는 게 습관의 결과가 되는 건 너무 좋은 일이지만, 매일 쓰기를 목표로 삼을 필요는 없다고 생각한다. 글이 안 써질 때 쓰려고 해봐야 기분만 나빠진다. 대문호 괴테도 한때는 하루도 빠짐없이 글을 쓰기도 했지만, 그것이 강제적인 원칙은 아니었다. 그는 "글이 써지지 않을 때는 차라리 빈둥대며 시간을 보내거나 잠을 자는 게 더 낫다"라고 말하기도 했다.

내가 선택한 글쓰기는 절대로 숙제가 되어서는 안 된다. 오롯이 놀이어야 한다. 힘들어도 내가 글을 꿋꿋이 써 나가는 이유는, 그것을 놀이라고 인식하기 때문이다. 어떻게 놀 것인가는 개인마다 그 방식이 다를 것이다. 개별화된 방식에서 유사점이 있다면 힘겨운 상태가 너무 오래가지 않는다는 거다. 놀이라는 것이 그렇지 않은가.

내가 글 쓰는 법 2.
눈덩이 굴리기

내가 쓴 짧은 글들은 어떻게 해서 하나의 산문으로 완성될까. 나의 글들은 일단 메모로 시작해 점점 거기에 살을 붙이고 시간을 들여 완성된 모습에 가까워진다. 이제 그 세부과정을 살펴보도록 하자.

나는 메모를 한 후, 거기에 살이 붙어 글이 한 덩어리가 나오면 SNS에 그 글을 올린다. 메모 수준을 넘어 글이 기본 구조를 갖추고 길이도 두세 문장을 넘는 상태나 하나의 문단보다는 덜 정교한 상태를 가리켜 나는 이를 '글 덩어리'라고 부른다. 글 덩어리는 말하고자 하는 의도와 메시지를 담고 있다. 이제 비로소 짧은 글을 쓰는 단계라고 할 수 있다.

2018년 1월 18일

좋은 아이템은 많은 경험에서 얻어걸리거나 뜻하지 않은 결합이 만든 변종이다. 누구나 정반합의 성장을 하지만 확실히 자수성가 한 거인들은 '반'의 경험이 압도적이다.

위의 글은 네이버 창업가의 강의를 요약한 글을 보다가 나름의 깨 달음을 얻어서 페이스북에 쓴 글이다. 무엇을 보거나 듣는 중에 가슴 에 확 와닿을 때가 있는데 그때가 바로 글을 써야 하는 순간이다. 글 을 쓰면 비로소 생각이 정리되고 내 관심이 왕성하게 연결된다.

한 번은 하재인 시인의 낭독회에 참석하고 난 후 후기 두 줄을 올 린 적도 있었다.

시를 쓰면 오래된 이름을 불러내서 좋다고 하재인 시인이 말했다.

그럴 것 같다는 생각이 들었다.

나는 낭독회에서 '오래된 이름을 불러내서 좋다'라는 시인의 말에 꽂히고 말았다. 그때 딱히 메모하지 않은 건, 머릿속에서 바로 정리하 고 SNS에 짧은 글을 올릴 수 있었기 때문이다. 이런 간단한 글을 쓸 때도 최소 몇 분 이상 생각할 시간이 필요하다. 생각하는 시간만큼 글 쓰기도 늘게 된다.

SNS에 글을 올리면 최소 몇 명 이상은 긍정적인 반응을 한다. 딱히 이롭지 않아도 그들은 언제나 나를 격려한다. 작은 피드백이지만 개인 메모장에 갇혀 있는 글과는 비교가 되지 않는다. 그래서 더욱 의식적인 글쓰기를 시도하게 된다.

글쓰기의 마지막 단계는 두 덩어리가 나오면 블로그에 저장하는 일이다.

글 한 덩어리가 나오면 이를 더 키우고 싶은 욕구가 생긴다. 매번 그렇지는 않지만, 글의 메시지가 클 때 그것을 조금 더 보편화시키고 싶다는 생각이 든다. 이때는 이런저런 방법으로 써놓은 몇 줄과 맥락이 맞는 글을 보거나 누군가에게 듣게 된 걸 덧붙이는 단계다. 이때는 자료 조사라는 걸 하게 된다. 뉴스를 검색하거나 관련 책을 찾는다. 그러면서 많이 읽지 않으면 잘 쓸 수 없다는 걸 깨닫게 된다. 당연히 글의 완성도는 높아진다.

작가 유시민도 "글쓰기를 하려면 텍스트 발췌 요약부터 시작하는 게 좋다."라고 추천한다. 그가 낸 책 중에 가장 많이 읽힌 《거꾸로 읽는 세계사》는 편집과 요약이 만든 작품이다. 출판기획을 오래 한 장은수 편집인은 이를 '편집적 글쓰기'라고 정의하는데, "무명 저자의 책이 베스트셀러가 되는 경우는 편집적 글쓰기가 탁월한 경우가 많다."는 것이 그의 의견이다.

글쓰기를 위한 자료 조사가 꼭 책일 이유는 없다. 내가 무언가를 배우고 싶은 사람이 있다면 그야말로 살아 있는 책이다. 그들은 책에서 얻기 힘든 통찰을 준다. 당연히 인간적으로 더 가까이 다가가고 싶게 된다.

하나의 글에서 만족감을 느끼면 더 나은 글을 위해 계속 고치게 된다. 반복적으로 다듬으며 놓친 생각을 덧붙인다. 나는 하나의 글을 최소 열 번은 고친다. 하나의 글을 집중적으로 여러 번 고치기보단 여러 글을 넘나들면서 고친다. 시간 간격을 두는 만큼 새로운 생각, 관점이 들어갈 여지가 커진다.

다음은 내가 SNS에 올린 글이다.

토요일 아침 지하철. 몸은 피곤해도 독서하기 좋은 시간이다. 책을 읽다가 멍 때리고 있는데 옆에서 전화벨이 울린다. 아침 알람처럼 요란스럽다.

동작이 굼뜨기보다 여유가 느껴진다. 알람을 끄는 줄 알았는데 이어폰을 연결한다. 옆사람에 대한 배려라고 생각했는데 그건 아닌 것 같다.

큰 소리는 아니지만 굳이 작은 소리로 통화할 의지도 안 보인다. 5분쯤 통화한 것 같다. 앉은 자리에서 전화 받기. 가치의 스펙트럼에 대해 생각해본다.

여러 댓글이 달렸다. 몇 사람은 생각할 거리를 주었다. 이 글이 블로그에서 윤색되면서 다음처럼 살이 붙었다. 두 글을 비교해보면 생각이 어떻게 확장되는지 알 수 있다.

토요일 아침 지하철. 피곤해도 독서하기 좋은 시간이다. 책 읽다가 멍 때리고 있는데 옆에서 벨이 울린다. 아침 알람 소리처럼 요란스럽다.

동작이 굼뜨기보다 여유가 느껴진다. 알람을 끄는 줄 알았는데 이어폰을 연결한다. 옆사람에 대한 배려라고 생각했는데 그건 아닌 것 같다.

큰 소리는 아니지만 굳이 작은 소리로 통화할 의지도 안 보인다. 5분쯤 통화한 것 같다. 그 소리를 들으면서 나도 몇 자 적는다. 지하철에서 통화하는 사람의 유형을 떠올려본다.

1. 평소대로 통화하는 사람. 음량 조절 개의치 않음. 인지가 없거나 타인에 대한 배려가 없거나. 장년, 노년층이 많은 편이며 그 이하도 의외로 있어 깜짝 놀란다.

2. 앉은 자리에서 받는 사람. 대게 평소 음량보다 약간 낮춘다. 타인을 신경 쓰는 거다. 러닝타임이 중요 변인. 30초 내로 끊는 사람 vs 3분 이상 통화하는 사람

3. 앉아 있다가 전화 받으며 일어나는 사람. 가끔 지하철에서 내리

기도 한다. 가족이 보면 답답할 수도 있겠지만 매너는 확실한 사람이다.

1번과 3번 사이의 2번의 유형을 어떻게 볼 것인지 잠시 생각해봤다. 가치의 스펙트럼 어디쯤에 있으면 좋을까. 2번과 3번 사이, 내 아이에게 어떻게 가르칠지 생각해봤다.

내가 굳이 SNS에 올린 글을 블로그로 옮기는 이유는 그것이 생각의 확장이기도 하거니와, 남들에게 더 잘 정리해서 보여주고 싶은 욕심도 무시하지 못한다. 인정 욕구도 엄연히 본능이다. 피드백을 받을수록 글은 더 좋아진다. '사람들은 이런 글을 좋아하는구나' 하고 대중의 취향도 읽게 된다.

언어 능력을 높이는 최고의 기술은 '대화'라고 한다. 상대방은 자신의 의견을 제대로 전달하고 있는지, 진실을 얘기하고 있는지, 몸짓은 어떤 말을 하고 있는지, 이처럼 다양한 사람들과 대화를 해보아야 나의 말하기 능력이 는다. 글쓰기도 마찬가지다. 사람을 통해 피드백을 받을 때 글은 더욱 좋아지게 된다. 내 글을 읽고 다른 이들이 어떤 반응을 해주는지, 그 반응은 긍정적인지, 부정적인지 생각해보게 되면 아마도 당신의 글쓰기 실력은 눈에 띄게 좋아지게 될 것이다.

SNS 글쓰기에
대하여 1

이제 글을 쓴다는 건 일상이 되어버린 시대 같다. 사람들은 블로그나 SNS 등을 통해 인류 역사상 어느 때보다 타인을 의식하며 많은 글을 쓰고 있다. 20년 전 우리는 누군가 글을 쓴다고 하면 책을 쓴다거나 신문에 기고하는 행위를 떠올렸다. 내 글을 읽어줄 대상이 한정적이었던 거다. 더구나 그들은 보통 사람이 아니었다.

블로그로 대표되는 웹 1.0 시대가 열리면서 글쓰기의 장벽이 쉽게 무너졌다. 글이 쉽게 유통되니, 그동안 묶여 있던 사람들의 욕구의 빗장도 풀리기 시작했다. 2018년 인터넷 이용자 조사 결과에 따르면 우리나라 사람들 81.6퍼센트가 SNS를 이용한다. 이것이 의미하는 것은 무엇일까? 모든 온라인 네트워크는 글로써 연결된다는 사실을 상기해보자. 이것은 그만큼 사람들이 어딘가에 글을 많이 쓴다는 얘기다.

물론 인터넷의 그늘을 부정할 순 없다. 인터넷 때문에 사색은 줄고 검색만 늘었다고 비판하는 사람들도 있다. 손 편지에서 이메일로 넘어가면서 글쓰기가 효율성에 편중됐다고 보는 시각도 있다. 감각에 치우친 글쓰기가 엉터리 글쓰기를 초래한다는 지적 역시 날카롭다. 이를 어떻게 볼 것인가?

SNS의 명암

나는 기술주의자는 아니다. 그러나 모든 기술은 기본적으로 인간을 이롭게 하기 위해 태어났다고 믿는다. 명과 암이 있더라도 나에게 유용한 건 슬기롭게 활용하는 것이 좋다고 생각한다. 특히 인간관계의 새로운 지평을 연 SNS는 나의 삶 구석구석에 적지 않은 영향을 미쳤다. 처음에는 그저 새로운 서비스에 대한 호기심으로 시작했다. 그러다 남들이 퍼온 기사를 읽었고 가끔 내가 고른 기사를 올리기도 했다. 이 과정에서 정보를 수집하고 선별하는 능력이 높아진 건 물론이다.

SNS의 연결 메커니즘은 놀라웠다. 여섯 명만 거치면 누구든지 내 친구가 될 수 있다는 '케빈 베이컨의 6단계 법칙'이 SNS에서는 흔하게 일어났다. 그곳에서 새로운 친구를 사귀고 때론 인생의 스승을 만나기도 했다. SNS는 사적인 글쓰기 공간이면서 의사소통의 공간이기도 하다. 이것은 블로그가 따라올 수 없는 뚜렷한 강점이다.

물론 SNS의 피로감을 호소하는 사람들도 꽤 있다. 한동안 잘 활용하다가 어느 순간 SNS의 문을 닫고 나가버리기도 한다. 너무 잘난 사람들이 많아 정신 건강에 해롭다는 것이 그들이 SNS를 그만둔 이유다. 이해하지 못할 말은 아니다. SNS는 친구 기반이긴 하지만 오히려 동네 목욕탕에 더 가깝다. 다양한 부류의 사람이 있다. 친한 친구도 있고, 어디서 본 듯한 사람도 있고, 전혀 모르는 사람과 친구라는 이름으로 맺어지기도 한다. 이들의 활동을 모두 제어할 수 없는 게 SNS의 실제적 한계이기도 하다.

글쓰기 측면에서 SNS의 명암을 살펴볼 수도 있다. 기존에 글을 쓴다는 행위는 많이 생각한 후 문자를 논리적으로 배열하는 숙고적 글쓰기를 의미했다. SNS 글쓰기는 말하기의 요소가 많아 전통적인 글보다 감각적이고 직관적이다. 즉각적인 즐거움을 주는 글들이 반응 또한 높은 것도 사실이다. 문자의 배열이 선형적이지도 않으며, 때로는 언뜻 알 수 없는 문자의 나열을 보기도 한다. 물론 이러한 커뮤니케이션에 익숙한 사람들에게는 이런 글이 전혀 낯선 글이 아니지만 'ㅋㅋㅋ'라는 표현을 모두가 받아들일 수 있는 건 아니다.

한편에선 디지털 리터러시(literacy · 문해력)가 떨어진다고 오히려 조롱받을 수 있다. 하지만 국어학자처럼 문장의 규칙을 중요하게 생각하는 사람들에게는 이것이 가벼운 사안이 아닐 수도 있다. 자동화와 기계화에 대한 우려의 목소리를 내는 프랑스 철학자 베르나르 스티글레르_{Bernard Stiegler} 같은 교수는 지금 시대를 인류 최대의 위협상황으로 진단한다. 그러면서 '스마트폰과 페이스북을 끊으라'고 조언한다.

어쨌든 쓰고자 한다면

이런 문제와 수많은 단점이 있음에도 불구하고 내가 SNS를 글쓰기의 밭으로 추천하는 이유가 있다. 미디어 철학자 빌렘 플루서_{Vilem Flusser}가 말한 것처럼 현대사회가 웹과 그물망으로 이루어진 텔레마틱 사회여서가 아니다. 그보다는 효용론 측면에서 그 이유를 찾을 수 있다. 쉽게 말해 SNS의 강점이 더 크다고 보기 때문이다.

첫째, 참여가 쉽다. SNS에서 나는 글의 소비자에서 언제든지 생산자로 전환된다. 사람에 따라서는 공유만 하기도 하지만 대개는 자신의 의견을 덧붙인다. SNS가 단순히 관계맺기의 공간이 아니라 생각하고 글을 쓰는 공간이기 때문이다. 영상이나 사진을 올리더라도 거기에 글쓰기는 기본적으로 따라붙는다. 몇십 년 전 매체라고는 신문만 존재하던 시대를 떠올리면 이것은 대단한 변화가 아닐 수 없다.

둘째, 자기효능감을 경험하기에 좋은 환경이다. SNS 활동은 누군가의 강요에 의해 하는 행동이 아니다. 모든 활동(글쓰기, 반응하기, 공유하기)은 자기 선택에서 기인하며, 이것은 우리의 자율성 욕구를 수시로 충족해준다. 일단 글을 쓰면 글이 남기 때문에 자율성과 유능성,

즉 자기효능감을 경험할 확률이 높아진다. 특히 '자기표현적 글쓰기'를 선택한 사람에게는 더 많은 혜택이 돌아간다.

셋째, 특히 왕성한 피드백은 SNS의 가장 큰 강점이다. 글은 쓰면 쓸수록 더욱 촉진된다. 관계를 맺은 사람들 중에 나에게 애정을 갖고 있는 친구들이 많기 때문이다. 예를 들면 이런 식이다. 어느 날 SNS에 한 문장을 올렸다. "이어폰을 세탁기에 넣고 돌렸는데 이틀 말리면 기사회생하려나?" 그랬더니 몇 시간 만에 열 개 정도의 댓글이 달렸다. 결론은 '재생 가능하다'는 것. 잘 모르는 사람들도 자기 경험을 기꺼이 나에게 나누어주었다. 이런 상호작용의 즐거움을 어디서 간편하게 얻을 수 있을까? 아직까지 나는 이런 경험을 SNS 말고 다른 곳에서는 해보지 못했다. 이처럼 어찌되었든 글을 쓰고자 하는 사람에게 SNS는 분명한 장점을 가지고 있다. 물론 무엇을 선택하는가는 당신의 몫이다.

SNS 글쓰기에
대하여 2

SNS는 일종의 인간관계이기 때문에 이곳에서 사람들의 마음을 읽는 능력도 좀더 세밀해진다. 심리학에서는 이를 '마음이론'Theory of Mind이라고 하는데 타인의 생각과 마음에 대해 이해하는 것이 공감에 큰 영향을 미친다.

마음읽기 능력의 차이는 어딘가를 찾아오는 길을 알려주는 방법만 관찰해 봐도 쉽게 드러난다. 어떤 사람은 자신의 배경지식을 중심으로 길을 설명한다. 예를 들어 이렇다. "버스에서 내려 첫번째 우회전을 하고 직진하면 큰 마트가 보이는데 거기서 우회전하면 1층에 치킨집이 있어. 그 빌딩 10층이야." 마음읽기 능력이 높지 않은 사람은 이 정도 설명이면 충분하다고 생각한다. 하지만 이 설명이 충분하지 않다는 건 본인이 비슷한 경험을 해보면 안다. 이 설명에는 구체성도 없고 상대방의 시선도 없기 때문이다.

마음읽기 능력이 높은 사람은 이렇게 설명한다. "버스에서 내리면 대한빌딩이라고 큰 건물이 보이는데 그 앞에서 우회전, 50미터쯤 직진하면 사거리 1시 방향에 큰 마트가 보이는데 거기서 우회전해서 10미터 가면 □□치킨집이 있어 그 빌딩 10층이야. 도보로 7~8분 걸려."

SNS가 마음읽기에 도움이 되는 이유는 좋아요나 댓글, 공유하기처럼 상호작용이 활발하게 일어나기 때문이다. 어떤 글은 호응을 얻고 어떤 글은 외면을 받는데 그 이유에 대해서도 우리는 은근히 생각을 해보게 된다. 나는 글을 보고 있지만 궁극적으로는 그 사람의 마음을 보기 때문이다.

SNS의 세 가지 얼굴

미국의 사회학자 어빙 고프만Erving Goffman은 사회적 상호작용에 여러 자아가 있다고 주장한다. 그는 이를 연극적 자아라고 했는데 SNS에서 가장 두드러지게 관찰된다.

첫 번째, '자아추구적 자아.' SNS에서는 자신을 솔직하게 드러내는 글을 종종 볼 수 있다. 자아추구적 자아의 예시다. 다양한 연구들에 의하면 오히려 오프라인보다 온라인에서 더 솔직한 자신의 모습을 드러내는 경향이 높음이 증명됐다. 자아추구적 글쓰기는 진정성을 높게 평가 받으며 타인에게 높은 수준의 공감 반응을 끌어낸다.

두 번째, '상호작용 의례적 자아.' 이것이 SNS에서 보이는 대표적인 자아의 모습이다. 안부를 묻고 경사를 축하해주고, 슬픔에 위로해주는 글을 쉽게 관찰할 수 있다. 타인 존중 혹은 예의를 드러내는 하나의 방식이다.

세 번째, '자기관리적 자아.' SNS에서는 자신을 과시하거나 긍정적인 이미지만을 노출하려는 글도 쉽게 눈에 띈다. 자기관리적 글쓰기는 타인의 공감을 높은 수준으로 끌어 올려주지 않는다.

SNS 활동을 하면 수시로 세 가지 얼굴을 보게 된다. 어떨 때는 흐뭇했다가 어떨 때는 미간이 찌푸려지기도 한다. 반면 미처 몰랐던 자신의 얼굴을 맞닥뜨릴 때도 있다. 여기서 중요한 질문이 생긴다. '내가 되고 싶은 나는 자기관리적 자아인가? 자아추구적 자아인가?' 물론 절대적 다수가 후자라고 말할 거다. 그러나 현실은 그렇지 않다. 증거는 SNS에 사방으로 널려 있다. 이것이야말로 자각이 안 된다는 방증이기도 하다.

내 주변이 온통 자기관리만 하는 사람들도 채워져 있으면 내 삶도 피곤해진다. 그들과 멀어지려는 건 필연적 선택이다. 하지만 가만히 보면 그 안에 타산지석의 배움이 있다. '나는 그러지 말아야겠다.' 피로와 공부가 같이 가게 된다. 이 지점이 SNS 활동의 갈림길이다. 피로가 크게 느껴지는 사람은 SNS를 안 한다. 그러나 그 피로를 견딜만 하고 오히려 이득이 크다고 생각하는 사람은 SNS를 열심히 한다. 정답은 없다.

나는 한 가지만 얘기하고 싶다. 수없이 많은 단점에도 불구하고 SNS의 탁월한 강점은 그곳이 글을 쓰는 공간이라는 데 있다.

이제 나의 글을 쓴다

1. 최근에 쓴 메모 중 하나를 찾아 '왜 썼는지' '느낀 점은 무엇인지' 글로 풀어 써보자.

2. 나에게 있었던 일을 가지고 짧은 소설을 써보자.

3. 이미 써놓은 글의 문장의 완성도를 높여 외부에 공개해보자.

당신에게도 글쓰기 마법이
시작되길 바라며

이 책을 쓰면서 일상적 글쓰기 이후에 달라진 나를 객관적으로 돌아보게 됐다. 더불어 오래전부터 막연히 궁금증만 갖고 있던 글쓰기의 힘에 대해 고민하고 공부하는 계기가 됐다. 특히 책을 쓰는 동안 내가 나 자신에게 수없이 던진 질문이 있다.

'글을 쓰면 왜 기분이 좋아질까?'

'나는 왜 사람들에게 글쓰기를 권유하는가?'

수시로 솟아나는 이 어려운 질문들을 피하지 않았다. 질문의 답을 찾기 위한 몰입의 과정이 좋은 스트레스라는 것을 알았기 때문이다.

이제 지난 1년간 나를 설레게 하면서도 힘겹게 만들었던 프로젝트가 끝났다. 나는 글쓰기의 마법에서 실행까지 내가 알게 된 모든 것을 풀어 놓았다.

'만약 이 책에서 내용을 덜어내고 또 덜어내서 최후의 한 문장만 남긴다면?' 하는 생각을 한 적이 있다. 이는 내가 힘주어 말하고 싶은 것, 즉 스스로 '메시지'가 무엇인지를 찾기 위한 질문이다. 이 질문의 답인 내가 남기고 싶은 단 한 문장의 메시지는 이렇다.

'있었던 일을 쓰는 것만으로도 마법이 일어난다.'

있었던 일에 대해 쓴다는 것은 자기 경험에 대한 서사, 즉 일기다. 이것은 앞서 언급했듯 글쓰기 치료 혹은 저널 치료의 핵심이기도 하다. 그만큼 개인의 정서 관리와 밀접하다는 의미다. 내 글쓰기의 첫 시작도 일기와 같았다. 비록 일기라고 정의를 내리고 시작한 일은 아니었지만, 되돌아보니 그것은 일기 쓰기와 다르지 않았다. 있었던 일에 대해 쓰는 것은 여러모로 얻을 수 있는 장점이 많은 글쓰기다. 무엇보다 '시작하기에 쉽다'는 이 한 가지 이유만으로도 강력하게 추천할 수 있는 글쓰기 방식이다.

무엇이라도 일단 써야 마법 같은 큰 변화든 일상 속 사소한 작은 변화든 지금까지 경험하지 못한 어떤 일이 일어나지 않을까? 그러니 부디 당신도 글쓰기의 맛을 느끼기를 바란다. 나와 당신의 명랑한 현재를 위해서!

《기자의 글쓰기》 박종인 지음, 북라이프, 2016.

《글쓰기로 나를 찾다》 숭례문학당 펴냄, 북바이북, 2017.

《글 쓰며 사는 삶》 나탈리 골드버그 지음, 한진영 옮김, 페가수스, 2010.

《글을 쓰고 싶다면》 브렌다 유랜드 지음, 이경숙 옮김, 엑스북스, 2016.

《나는 어떻게 글을 쓰게 되었나》 레이먼드 챈들러 지음, 안현주 옮김, 북스피어, 2014.

《나를 만나는 글쓰기》 이남희 지음, 연암서가, 2013.

《나를 위로하는 글쓰기》 셰퍼드 코미나스 지음, 임옥희 옮김, 홍익출판사, 2018.

《내가 정말 좋아하는 농담》 김하나 지음, 김영사, 2015.

《넛지》 캐스 R. 선스타인, 리처드 H. 탈러 지음, 안진환 옮김, 리더스북, 2012.

《대통령의 글쓰기》 강원국 지음, 메디치미디어, 2014.

《메모 습관의 힘》 신정철 지음, 토네이도, 2015.

《뼛속까지 내려가서 써라》 나탈리 골드버그 지음, 권경희 옮김, 한문화, 2018.

《사이토 다카시의 2000자를 쓰는 힘》 사이토 다카시 지음, 황혜숙 옮김, 루비박스,
    2016.

《삶은 어떻게 예술이 되는가》 김형수 지음, 아시아, 2015.

《쓰기의 감각》 앤 라모트 지음, 최재경 옮김, 웅진지식하우스, 2018.

《유시민의 글쓰기 특강》유시민 지음, 생각의길, 2015.

《어떤 글이 살아남는가》우치다 다쓰루 지음, 김경원 옮김, 원더박스, 2018.

《에디톨로지》김정운 지음, 21세기북스, 2014.

《이카루스 이야기》세스 고딘 지음, 박세연 옮김, 한국경제신문, 2014.

《인문학으로 광고하다》박웅현·강창래 지음, 알마, 2009.

《잘 쓰려고 하지 마라》메러디스 매런 지음, 김희숙·윤승희 옮김, 생각의길, 2013.

《재미의 본질》김선진 지음, 경성대학교출판부, 2018.

《저커버그처럼 생각하라》예카테리나 월터 지음, 황숙혜 옮김, 임정욱 감수, 청림출판,
    2013.

《지력혁명》문용린 지음, 비즈니스북스, 2009.

《직업으로서의 소설가》무라카미 하루키 지음, 양윤옥 옮김, 현대문학, 2016.

《책을 읽는 사람만이 손에 넣는 것》후지하라 가즈히로 지음, 고정아 옮김, 비즈니스북
    스, 2016.

《트렌드 코리아 2018》김난도 외 7명 지음, 미래의창, 2017.

《프레임》최인철 지음, 21세기북스, 2016.

《힘 빼기의 기술》김하나 지음, 시공사, 2017.

참고 자료

김동식: 〈경향신문〉 칼럼, '2018년 신소설이 나타났다' (2018. 03. 21)

김영하: 《세상을 바꾸는 시간, 15분》 강연, 275회 〈자기해방의 글쓰기〉 (2013. 05. 28)

김태원: KBS1 인순이의 토크 드라마 〈그대가 꽃〉, '기타리스트 김태원 편' (2015. 04. 06)

김형석: 〈동아일보〉 인터뷰, '노년에 외롭지 않으려면 이성 친구와 우정의 동거 하세요' (2015. 10. 05)

김훈: JTBC 〈뉴스룸〉 인터뷰, '내가 쓴 글, 무섭고 징그러운 느낌' (2015. 10. 08)

낸시 소머스: 〈조선일보〉 인터뷰, '매일 10분이라도 글 써야 생각을 하게 돼' (2017. 06. 05)

버락 오바마: 《타임》 인터뷰, 〈2012 Person of the Year: Barack Obama, the President〉 (2012. 12. 19)

베르나르 스티글레르: 〈조선일보〉 인터뷰, '디지털에 먹히지 않으려면 페이스북부터 끊을 것' (2018. 03. 22)

신은미: 〈전북일보〉 기고문, '숨은 재능 찾기' (2016. 09. 12)

신정철: 〈ㅍㅍㅅㅅ〉 기고문, '왜 써야 하나: 2년간 노트를 쓴 내게 일어난 변화' (2017. 11. 24)

안네 프랑크: EBS 〈정오뉴스〉, '책 밖의 역사 – 안네 프랑크의 일기' (2016. 08. 01)

유시민: 《창작과 비평》 50주년 기념 〈공부의 시대〉 명사 특강, '공부와 글쓰기' (2016. 08. 25)

이어령: 셀레브Sellev 인터뷰, 〈젊은이는 늙고 늙은이는 죽어요〉 (2018. 05. 21)

최진석: 〈매일경제〉 인터뷰, '질문력 뛰어난 진짜 창의전사 키웁니다' (2015. 01. 30)

한기호: SBS 〈뉴스〉, '내 나이 60세, 매일 새벽에 글을 쓴다' (2018. 02. 01)

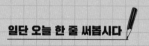

일단 오늘 한 줄 써봅시다